U0462873

我的博物馆

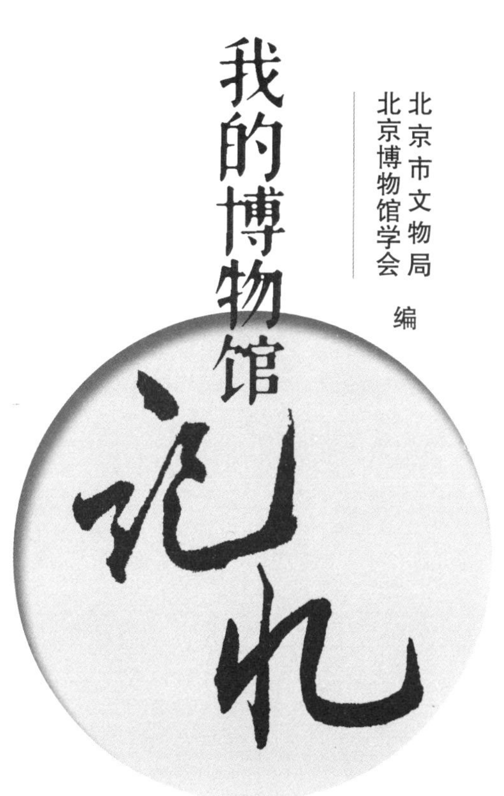

北京市文物局
北京博物馆学会
编

北京燕山出版社
BEIJING YANSHAN PRESS

图书在版编目（CIP）数据

我的博物馆记忆 / 北京市文物局，北京博物馆学会编 .— 北京：北京燕山出版社，2021.11

ISBN 978-7-5402-5501-5

Ⅰ. ①我… Ⅱ. ①北… ②北… Ⅲ. ①博物馆事业—北京—文集 Ⅳ. ① G269.271-53

中国版本图书馆 CIP 数据核字（2019）第 295631 号

我的博物馆记忆

编　　者：北京市文物局　北京博物馆学会
责任编辑：刘占凤　赵　琼
助理编辑：张金彪　王亚妮
装帧设计：美信书装设计
出版发行：北京燕山出版社有限公司
社　　址：北京市丰台区东铁匠营苇子坑 138 号 C 座
电话传真：010-65240430
印　　刷：小森印刷霸州有限公司
开　　本：787mm × 1092mm　1/16
字　　数：250 千字
印　　张：17
版　　次：2021 年 11 月第 1 版
印　　次：2021 年 11 月第 1 次印刷
书　　号：ISBN 978-7-5402-5501-5
定　　价：58.00 元

目录

行业风采

公众心声

行业风采

传承文化遗产，演奏古乐传奇

——智化寺京音乐四十年来保护与传承工作回顾

北京文博交流馆　杨　薇

智化寺建成于明正统九年（1444 年），是明英宗宠信的司礼监太监王振所建。智化寺是北京市内保存较完整的明代木结构建筑群，1961 年被定为第一批全国重点文物保护单位。智化寺不仅以古建筑闻名于世，自明朝保留至今的京音乐更是让其声名远扬，在国际上亦享有赞誉。改革开放四十年来，智化寺京音乐不断被发掘、整理，其音乐和艺术价值逐渐被国内外专家学者所认可。时至今日，京音乐每日在智化寺中进行展演，并在国内和世界多地进行展示演出，使得京音乐的知名度在国内外大大提升，吸引着越来越多的人走进智化寺欣赏和研究京音乐，加之多年来京音乐古谱的整理与恢复，数字化录音录像，研究性成果的出版，传播范围的扩大，这一系列举措都使得具有唐宋遗风的京音乐得到了很好的保护与传承。

一、智化寺京音乐简介

智化寺京音乐自明代建寺之初从宫廷传入智化寺，由明朝宫廷音乐、民间音乐和佛教音乐构成，在智化寺内代代相传。清朝晚期，京音乐在北京东城、南城寺院中传播和传承。约在清道光、咸丰年间，京音乐向外传授到天仙庵、成寿寺、水月庵、夕照寺、关帝庙、普宁寺等

10余座寺院，智化寺逐渐成为北京北传佛教音乐的中心，智化寺的音乐被时人冠称为“京音乐”。智化寺京音乐经过570多年的坚守和传承，目前已传至第二十七代传承人，仍保留着明朝早期的音乐风格，被誉为“中国古代音乐的活化石”。2006年，智化寺京音乐被列入国家级第一批非物质文化遗产名录。

（一）京音乐的传承

历史上，智化寺京音乐由寺内僧人传承演奏，清朝康熙年间的容乾和尚是智化寺第十五代艺僧，也是智化寺有文字记载最早的艺僧。京音乐按照师徒口传心授的方式口口相传，正是由于其传承方式相对保守和封闭，因此才能把旋律原汁原味地传承至今。据1953年调查，当时擅长演奏的僧人尚有19人，直至20世纪90年代，智化寺京音乐依然由第二十五代、二十六代僧人传承，现传承至第二十七代传人。

（二）京音乐的演奏乐器

演奏智化寺京音乐的乐器主要有管、笛、笙、云锣和鼓（图1），管为领奏乐器，部分乐曲还需要加铙、钹等打击乐器。乐器中的九孔管和十七簧笙在形制特征、音孔谱字、乐器音高等方面，均保留了唐、宋教坊音乐的遗制。

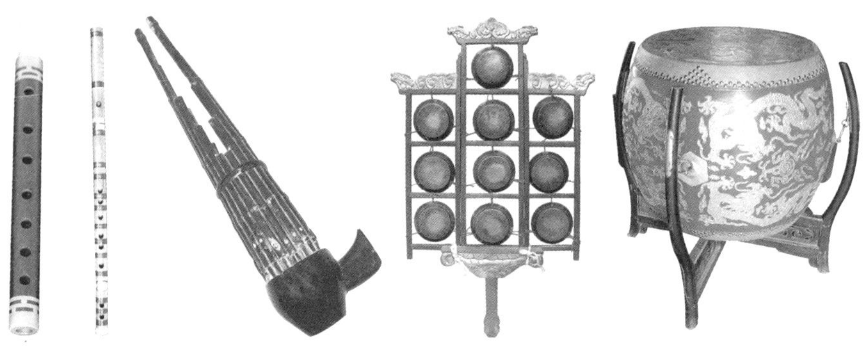

图1　演奏京音乐的乐器（左起：管、笛、笙、云锣、鼓）

（三）京音乐的曲牌

在智化寺京音乐目前存世的 14 套乐谱中，传世曲牌有 42 首。京音乐曲牌名称大都古朴雅致，与唐代教坊曲曲牌和宋词词牌多有相同，如《望江南》《好事近》等。智化寺京音乐都是以曲牌为结构单位的，单独演奏的曲牌称为只曲，曲牌连缀演奏的称为套曲，只曲有《喜秋风》《清江引》等，套曲有《中堂曲》《料峭》等。

（四）京音乐的记谱方式

智化寺京音乐所用的乐谱，是中国历史悠久的传统记谱法——工尺谱（图 2）。工尺谱普遍运用于我国说唱音乐、戏曲音乐与民间器乐中。智化寺工尺谱用“上尺工凡六五”等十个汉字记录音高，以“ソ”记录板眼。唱谱时，会加“啊口”以丰富旋律。智化寺京音乐工尺谱的体系和写法自成一体，目前演奏采用的是清康熙三十三年智化寺第十五代艺僧容乾手抄的《音乐腔谱》。

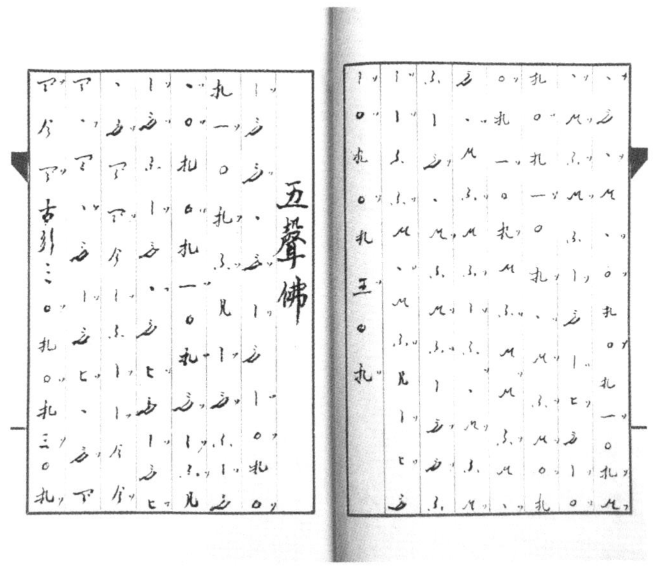

图 2　智化寺京音乐工尺谱（第二十六代传承人张本兴抄录）

（五）京音乐的重要价值

智化寺京音乐的曲调空灵神秘，庄重典雅；曲牌古老丰富，源远流长；采用口传心授的方式进行师徒相传，并沿用古老的工尺谱，使用传统的笙、管、笛、锣等乐器进行演奏，至今保存着具有唐宋遗风的旋律，具有珍贵的艺术价值和极高的学术地位。

二、近四十年来京音乐的保护与传承工作

智化寺京音乐自明代传入智化寺以来，由寺内艺僧代代相传。清乾隆年间，御史沈廷芳请旨捣毁了智化寺内王振的祠堂和刻像，京音乐险遭株连。清末民初，战乱连年，智化寺萧条破败，京音乐逐渐没落，寺僧迫于生计靠音乐谋生，导致乐曲外传，流落民间用于丧葬仪式。直到20世纪50年代，智化寺音乐引起了中国音乐界一些专家的关注和研究。1952年底，著名古琴家、音乐学家查阜西先生第一次走进智化寺，对京音乐进行了实地考察。随后，音乐史学家杨荫浏先生也来到智化寺进行考察，编写了《智化寺音乐》(一)(二)(三)，从乐谱、宫调、乐器、音律、奏法、曲牌名称等各个方面对京音乐进行了全面的调查研究。正是有了杨荫浏先生的研究，使得智化寺京音乐得到了社会各界的重视，对京音乐的恢复和再现工作得以逐步展开。

（一）恢复音乐演奏，扩大演出队伍

1990年7月，当时的智化寺文物保管所意识到京音乐遗产濒危的现状，在佛学专家凌海成以及牛兆麟、徐正宗所长等人的积极推动下，将当时健在的智化寺京音乐和禅音乐乐僧共约20人全部请回智化寺，智化寺音乐重新在寺内响起。他们经常组织排练，并外出演出，智化寺音乐得到了全面恢复。但是老艺僧们年事已高，为了保证京音乐传承不断代，必须继续寻找接班人。经过多方联络，河北省固安县屈家营音乐会的胡庆学、胡庆友等几位少年来到了智化寺，1992年少年们拜老艺僧

为师，开始学习京音乐，经过多年的苦学不辍，他们成为智化寺京音乐第二十七代传人，至今仍守护并传承着这一珍贵的音乐遗产(图 3—4)。

图 3　1992 年举办的京音乐学员拜师会

图 4　本兴师傅带领京音乐传承人在日坛公园练习

（二）进行数字录音，保留珍贵资料

1984年，老艺僧们录制了《智化寺京音乐焰口》录像磁带。1991年，智化寺发行了首版《北京智化寺京音乐》和《北京智化寺禅音乐》原声磁带。2003年，智化寺京音乐队录制了《智化寺音乐CD》，共10首曲目，这是智化寺首次录制CD版京音乐。2004年，智化寺第二十六代、二十七代传人走进了录音棚，录制了现存的40首乐曲，采用高保真分轨数字录音的方法，科学、及时地记录和保存了这一濒危乐种。2005年，《智化寺京音乐CD》一套四碟灌制发行，包含了多首智化寺京音乐的经典曲目。2014年，《智化寺京音乐“料峭”套曲》配光盘出版。大型套曲《料峭》的数字化制作历经两个月的时间，参照20世纪50年代录音校正乐谱，力求达到50年代艺僧演奏风格。2016年，传承人再次走进录音棚，根据20世纪50年代的录音，首次以整部套曲的形式录制了《中堂套曲——昼锦堂》的演奏和工尺谱双画面韵唱。这是继2014年智化寺京音乐《料峭》套曲录制完成后，又一次录制完成的一部时长50分钟的器乐套曲（图5）。

图5　智化寺京音乐出版的CD

（三）申报国家非遗，保护文化遗产

2005 年 9 月，按照文化部《关于申报第一批国家级非物质文化遗产代表作的通知》的要求，位于智化寺内的北京文博交流馆全面整理智化寺京音乐档案和资料，向北京市文化局递交申报国家非物质文化遗产的材料。2006 年 6 月，第一批国家级非物质文化遗产保护名录正式公布，“智化寺京音乐”成功入选，成为北京地区入选首批国家级非物质文化遗产名录的唯一民间音乐类项目（图 6—7）。

图 6　智化寺京音乐申遗专家论证会

图 7　2006 年，文化部颁发的国家级非物质文化遗产铜牌

（四）参与展示演出，提高国内外知名度

1. 智化寺内日常演出

2004 年 10 月开始，智化寺内开辟表演专区，由第二十七代传人每日上、下午各进行一场免费演出，让每一位走进智化寺参观的观众都能够穿越时空，亲耳聆听这一珍贵的古老音乐（图 8）。时至今日，无论春夏秋冬，阴晴雨雪，京音乐每天都会准时在智化寺内奏响，传承人已经坚守了 14 个春秋。如今，京音乐传承人在进行音乐展演之前，增加了对京音乐的历史、演奏乐器介绍、传承方式、记谱方式等内容的简单介绍，让观众更全面了解京音乐文化内涵。在为广大观众进行展演的同时，智化寺京音乐队也接待了来自荷兰、法国、美国、新加坡、日本等众多国际友人的团组来馆欣赏音乐（图 9）。

图 8　京音乐队日常演出照片

图 9　京音乐队为国际友人参观团演奏

2. 国内外音乐展演

早在 1953 年，在老舍先生主持的“演乐晚会”上，16 位智化寺京音乐艺僧演奏了三首智化寺京音乐乐曲。这些年来，智化寺京音乐队陆续赴山西五台山、山东汶上、山东滨州、湖北红安、辽宁大连、福建厦门、海南海口等地演出，并在北京音乐厅、国家图书馆音乐厅、白塔寺、五塔寺、云居寺、大觉寺、大钟寺、北顶娘娘庙、园博园等地进行展演，向观众展示了中国传统音乐的艺术魅力，并与当地乐队进行切磋交流，增进技艺（图 10—11）。

图 10　智化寺京音乐参加第二届中国民族器乐民间乐种组合展演

图 11　京音乐参加五塔寺端午节演出

京音乐的国际演出源起于 1987 年，那年智化寺音乐乐僧应邀赴西德、法国、瑞士等国家的柏林、巴黎、科隆、慕尼黑等七个城市访问演出，演出获得极大成功，被当地观众称作“音乐炸弹”。中央新闻纪录电影制片厂随访并摄制了大型彩色纪录电影《智化寺京音乐在欧洲》。此后，智化寺京音乐队先后赴英国、新加坡等地进行交流演出，获得了世界各地的广泛赞誉，将中国传统音乐带到了国际舞台，扩大了智化寺音乐的国际影响力（图 12—13）。

图 12　1987 年，艺僧在德国演出照片

图 13　2016 年，智化寺京音乐队在新加坡演出

（五）举办音乐文化节，形成文化品牌

2006 年 10 月，在智化寺内举办了首届智化寺音乐节，邀请了西安鼓乐社、屈家营音乐会等民间演出团体参加了活动，古乐同台演出，受到了专家和市民的好评。在此之后，从 2011 年至 2018 年，北京文博交流馆共举办了七届“智化寺音乐文化节”，陆续邀请了西安都城隍庙鼓乐社、福建泉州南音乐团、开封大相国寺梵乐团、山西五台山佛乐团、台南孔庙雅乐十三音乐团、北京市大兴区长子营镇北辛庄音乐会、大兴区长子营镇李家务音乐会、门头沟区京西古幡乐团、朝阳区仰山众友同乐开路圣会、通州西马各庄音乐会、天津市武清区黄花店梵呗音乐会、静海砖垛村音乐会、宁河芦台罗汉音乐会、河北涞水县高洛古乐音乐会、霸州市胜芳镇胜芳南音乐会、霸州市胜芳镇崔庄子音乐会、保定市虎贲驿村南乐会、保定市雄县杜庄音乐会、廊坊市霸州市南头村音乐会、廊坊市安次区南响口梵呗古乐会、廊坊安次区磨汉港音乐会、大次良南乐圣会、端村音乐会、文安县里东庄音乐会、雄县北大阳音乐会、雄县常庄音乐会等 20 余家乐队与智化寺京音乐队同台演出（图 14—16）。

图 14　2006 年，第一届智化寺音乐节

图 15　2012 年，第三届智化寺音乐节

图 16　2017 年，第七届智化寺音乐文化节

智化寺音乐文化节以“展示非遗，扩大影响，保护成果，全民共享”为主旨，多年来在智化寺音乐文化节的舞台上展示了西安鼓乐、福建南音等传统音乐促成了海峡两岸的交流展演、宣传了京津冀三地古乐文化、扩大了智化寺京音乐的影响力，形成了音乐文化品牌。通过音乐展演和专家解读，让观众了解古乐文明的历史脉络和各自传承特色，感悟中华文化的魅力；通过召开学术研讨会，探讨古乐队之间如何协同发

展，非物质文化遗产如何更好地保护传承等问题。如今，智化寺音乐文化节在国内古乐界已具有一定的影响力，成为国内非物质文化遗产民间音乐类项目的一个宣传展示平台，我们力求通过音乐展演让书写在古谱里的音符活起来，让文化遗产融入现代生活，更好地宣传和展示非物质文化遗产，让传统文化走进民众的心中。

（六）整理出版图书，展示研究成果

至今为止，北京文博交流馆业务人员已经出版了三部介绍京音乐的专著（图 17）。2010 年，编写了《智化寺京音乐研究与欣赏》一书，该书分历史源流、抢救保护的成果、乐队的本体构成和经典曲目欣赏四个部分，介绍了智化寺京音乐，并加入了第二十六代乐僧的访谈录，丰富了京音乐的历史资料。2015 年，出版了《智化寺京音乐》，该书是北京非物质文化遗产系列丛书之一，书中详细介绍了智化寺京音乐的历史沿革、智化寺京音乐及其艺术特色、智化寺京音乐的佛事功用、智化寺京音乐的传承和智化寺京音乐的抢救保护工作和展望，并附上京音乐精选曲目的简谱和工尺谱、京音乐大事记等内容，可以说，该书是多年来对智化寺京音乐研究成果的全面展示。同年，出版了《智化寺京音乐“料峭”套曲》一书，“料峭”是京音乐组合型主体曲式的典型代表，结构

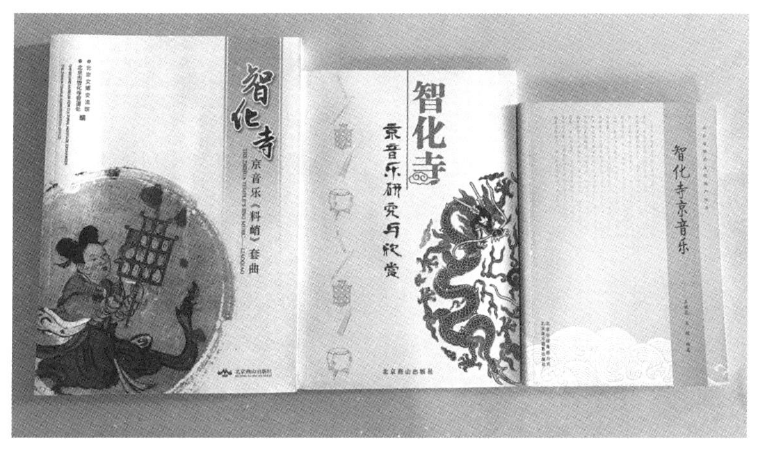

图 17　出版图书书影

可分为头、身、尾三部分。全曲由《三皈赞》《好事近》《千秋岁》等 15 首曲牌连缀而成。该书前后分别装订，从封面开始阅读，分为三个部分，第一部分是简介；第二部分是有关《料峭》套曲的研究论文；第三部分是 15 首乐谱的简谱；从封底开始阅读，是 15 首乐曲的工尺谱。该书的出版，完整地记载了智化寺“料峭”套曲的曲谱全貌。

（七）利用多种途径，进行普及教育

智化寺京音乐队注重音乐的传承和普及，多次走进校园和科研院所进行宣传和演奏，并邀请大家来走进智化寺参加丰富多彩的音乐体验和培训活动，力求扩大京音乐的传承范围和传播力度。

从 2006 年开始，东城区遂安伯小学和北京市第二十七中学的民乐队就与北京文博交流馆取得联系，组织学生按照传统的传承方法，先学唱工尺谱，再吹乐器的方式向第二十七代传人学习京音乐。通过老师的精心组织和孩子们的刻苦排练，他们已经掌握了《清江引》《喜秋风》《梅花引》《拿天鹅》等 4 首入门乐曲。近年来，他们还多次与传承人同台演出，演奏智化寺京音乐已成为北京市东城区青少年特有的一项传统技艺学习活动（图 18—19）。2016 年，北京文博交流馆举办了首期“智

图 18　北京市第二十七中学生在向京音乐传承人学习京音乐的演奏方法

图 19　遂安伯小学和北京市第二十七中民乐队学习京音乐的汇报演出

化寺京音乐传习夏令营”活动，来自北京和河北 20 名中小学生参加夏令营活动，学习智化寺京音乐，亲身感受传统音乐的魅力（图 20）。在吸引学生走进智化寺学习京音乐的同时，传承人也把京音乐送进校园，让高等院校的学生体验中国传统音乐的传承方式和韵味。近年来，他们走进了中央音乐学院，参加了“继往开来——中国传统音乐理论的继承与创新暨袁静芳教授八十华诞学术研讨会”，并进行了专场展演；参

图 20　2016 年，首届智化寺京音乐夏令营在智化寺内成功举办

加对外经济贸易大学“2016 北京国际民间组织沙龙汇暨对外经济贸易大学第 7 届国际文化节”（图 21）；来到北京大学赛克勒考古与艺术博物馆参与“鸣鹤清赏——古韵今声中秋古乐晚会”的演出等活动。

图 21　智化寺京音乐队参加对外经济贸易大学“2016 北京国际民间组织沙龙汇暨对外经济贸易大学第 7 届国际文化节”

近年来，京音乐传承人开展了对外的教育教学工作，传播智化寺京音乐的演奏技法，扩大传承面。传承人赴湖北红安天台寺教授寺僧学习京音乐；走进史家小学定期对学校民乐队员教学京音乐（图 22）；走进人大附中，开展京音乐普及教育；2016 年智化寺外的第一个传承基地在河北保定市安新县端村实验学校正式揭牌（图 23）；参加了中国音乐学院第七届艺术实践周的教学；2018 年，由中国音乐学院附中和北京文博交流馆联合举办的“智化寺京音乐传承实践周活动”在中国音乐学院附中举行（图 24）。在短短的五天时间里，学生们了解了传统文化，体验了古乐，增强了学生对中国传统文化的认知。在这些传承活动中，传承人按照传统的学习方式，教授学生韵唱工尺谱、演奏技法，最终掌握传统曲牌的演奏和演唱，力求原汁原味地弘扬和传承智化寺京音乐。

图 22　传承人在史家小学教习小学生学习演奏智化寺京音乐

图 23　智化寺京音乐教育传承基地在河北端村实验学校挂牌，教习小学生学习京音乐

图 24　2016 年，传承人在中国音乐学院附中教学

（八）加大媒体宣传，增加社会影响

20 世纪 80 年代，中央电视台栏目组拍摄了智化寺京音乐，并跟随京音乐到欧洲进行随访。1991 年 8 月，日本东京电视台新闻台采访了智化寺音乐并录制《中国北京智化寺音乐》。如今，智化寺更加注重对京音乐的宣传工作，北京电视台、北京广播电台、新华网、国际在线、中国文物网、《劳动午报》、《中国周刊》、《中国文化报》、《联合早报》、《北京日报》、《北京晨报》、《北京晚报》、《北京青年报》、中新网、千龙网、凤凰网、东城资讯等多家媒体报社来到智化寺实地采访京音乐。同时，北京文博交流馆抓住历届智化寺音乐文化节的机遇进行集中宣传，拍摄智化寺京音乐宣传片进行重点宣传。如今，采访京音乐的媒体记者朋友也是越来越多，可见通过加大宣传力度，让智化寺京音乐这项珍贵的非物质文化遗产越来越受到社会的广泛关注。如今许多国内外游客已经是慕名而来，专程到智化寺欣赏京音乐的风韵。

（九）开发文创产品，宣传音乐文化

北京文博交流馆围绕智化寺京音乐这个主题，提取工尺谱、乐器、乐谱等元素，设计开发了很多创意产品，使广大游客来到智化寺后，不仅可以欣赏到京音乐第二十七代传人亲自演奏的古老乐曲，而且可以带文化回家，同时也有利于大力宣传弘扬这项非物质文化遗产。近年来，开发了京音乐系列纪念章、京音乐文具套装、工尺谱茶具套装、京音乐乐器书签、领带、行李牌、钥匙链、收纳袋、笔筒、雨伞等产品，还开发了具有收藏价值的传承人手抄工尺谱文创（图 25—27）。

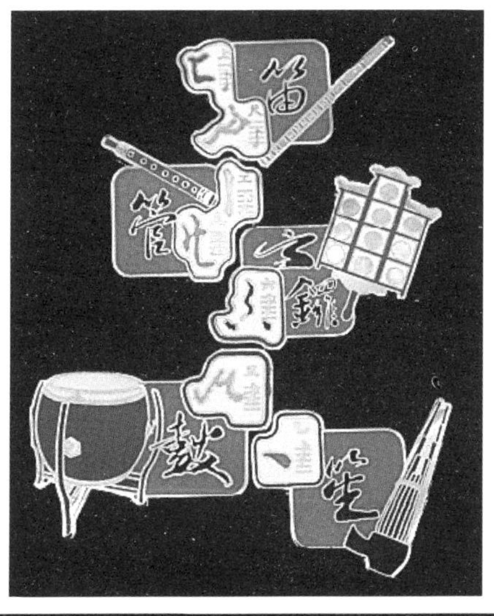

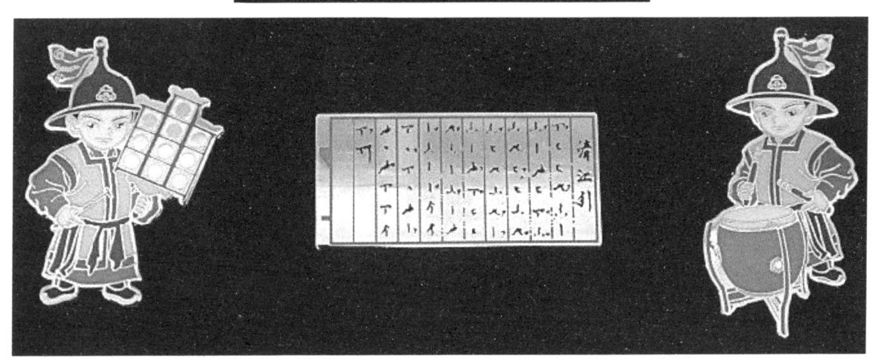

图 25　京音乐纪念章

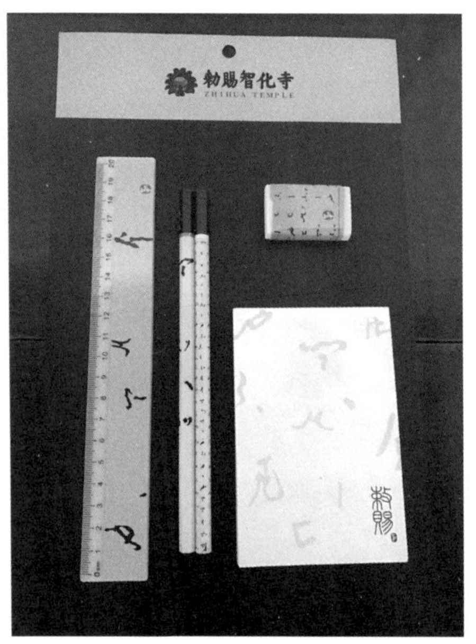

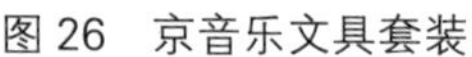
图 26　京音乐文具套装

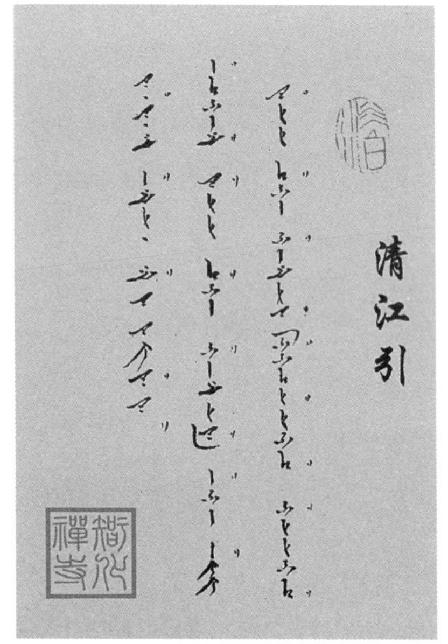

图 27　传承人手抄工尺谱

回顾智化寺京音乐四十年来的保护与传承工作，我们力求通过自身的努力，传承好这一珍贵的非物质文化遗产，让更多的观众可以欣赏到京音乐古朴的旋律，也希望不断扩大京音乐的知名度，让海内外的观众了解她、喜爱她、研究她，让书写在古籍里的音符活起来，让中华传统文化延绵不绝。我们相信经过大家的不懈努力，智化寺京音乐定会受到越来越多的关注，成为大家喜爱的非物质文化遗产。

砥砺奋进，百尺竿头

——北京文博交流馆四十年展览回顾与业务创新

北京文博交流馆　杨　薇

北京文博交流馆是以智化寺为馆址的古建遗址类博物馆，智化寺是北京市内较完整的明代木结构建筑群，被国务院公布为第一批全国重点文物保护单位；智化寺京音乐又是第一批国家级非物质文化遗产，因此智化寺因古建和古乐闻名于世，又是一处汇集造像、雕刻、彩绘、壁画等传统文化艺术的宝库。改革开放四十年以来，北京文博交流馆的展览陈列发生了翻天覆地的变化，从最初的“看摊守庙”，仅仅开放原状陈列，缺少必要的文字说明，到如今通过固定陈列对智化寺文化内涵进行详细解读，并利用本馆资源开展临展、巡展，同时充分发挥文博交流的职能，承办北京市文物局展示北京地区博物馆风采的大型图文展览。四十年来，我们不断努力，不断探索，解读历史文化，促进业务创新。现就北京文博交流馆近四十年来的展览历程做一回顾梳理，并对其展览工作的业务创新之处做简要分析。

一、四十年来展览回顾

（一）北京市智化寺文物保管所成立，开展古建修缮工程，展示寺院原状陈列

1984 年，北京市智化寺文物保管所成立，其主要职能是保护好智

化寺这座明代古建筑，并开展一系列的古建修缮工程，为开放做好准备。从 1987 年至 1990 年，由国家文物局直接拨款，故宫博物院古建部设计图纸，分两次对智化寺进行了修缮（图 1—2）。修缮之后，智化寺的主要殿堂向公众开放，展示寺庙的原状陈列。同时，智化寺中流传的京音乐逐渐恢复演出。

图 1　1986 年，修缮鼓楼照片

图 2　1986 年修缮工程，工人在清理山门前埋在地下的石狮子

（二）北京文博交流馆（北京市智化寺管理处）成立，进行博物馆展览展示

1992 年，以智化寺为馆址成立了北京文博交流馆（北京市智化寺管理处），她是一座以促进文博发展、开展民间收藏展示、举办文化活动和促进各博物馆间文博信息交流为宗旨的博物馆。自北京文博交流馆（以下简称文博馆）成立以来，陆续推出了内容多样的展览，开展了丰富多彩的活动，让博物馆成为展示优秀中华传统文化的窗口。2005 年之前，在各大殿堂展示古建筑原状陈列的基础上，北京文博交流馆推出了固定陈列“智化寺历史沿革展”来介绍智化寺的历史（图 3）。开放了鼓楼展厅，制作了“佛教寺院的钟鼓楼展”。同时，完善所有殿堂介绍的文字说明，让中外观众能更好地了解智化寺的历史。在推出固定陈

图 3　智化殿展厅的“智化寺历史沿革展”

列的基础上，利用大智殿展厅不定期举办临时展览，展览内容涉及馆藏文物和民间收藏家的藏品，多年来开展了“国剧之光——梨园牌匾精品展”“老戏单展”“钥匙链展”“北京地图展”“纪念奥林匹克运动一百周年——张万金收藏体育纪念品展”“智化寺佛教艺术展”等（图 4—5），并开展了配套的社教活动。为了宣传智化寺京音乐，北京文博交流馆推出了“智化寺与智化寺的音乐展”，制作轻便的展板和展架，配合京音乐的演出进行巡展。同时，开展了“知文物法规，做古都主人”“百家博物馆巡礼”等展览的巡展工作，向公众宣传文物法规和博物馆文化。

图 4 “北京地图展”

图 5 “老戏单展”

（三）2005 年展览改陈工程，完善固定陈列，推出丰富多彩的临展和巡展

为了更好地展示智化寺的历史文化，2005 年北京文博交流馆进行了展览改陈工程。改陈之后，推出了“撞钟传吉祥，击鼓报平安”“智化寺历史沿革展”等固定陈列，完善了展厅触摸屏的展示内容，并完成

展厅说明牌的中英双语介绍；在智化殿展厅中推出了“馆藏佛经精品展”“北京明代寺院展”“智化寺佛像精品展”和“明代十六帝展”四个展览，按照全年四个季度进行换展（图 6—7）；利用大智殿临时展厅，推出了丰富多彩的临时展览，如“飞舞的精灵——风筝展”“雷锋专题收藏展”“宝相艺术：藏传佛教绢画展”“迎奥运体育收藏品联展”“巴黎·北京——名门之秀”“脸谱火花收藏展”“‘长城之光’邮票收藏展”“王玉祥先生扑克收藏展”“可乐与体育文化盛宴展览”“江山如此多娇——纪念毛泽东同志诞辰 115 周年烟标展览”“五彩缤纷的火车站台

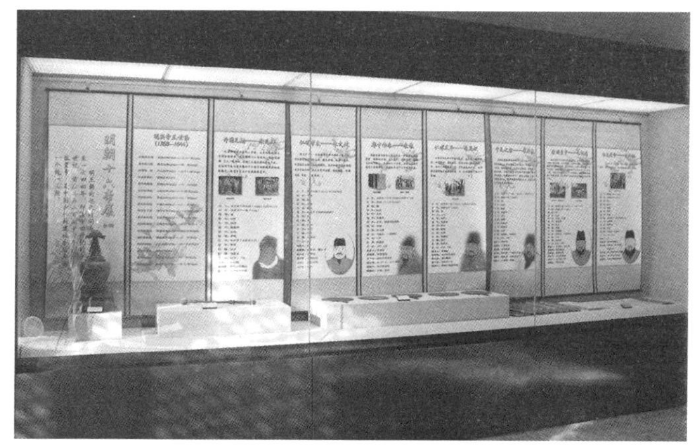

图 6 “明朝十六帝展”

图 7 “智化寺佛像精品展”

票展览”“老电话展览”“工笔重彩（壁画）展览”“林坚：书法、篆刻、剪纸作品回顾展”“苏老师的折纸游戏展”“碑帖拓片收藏展览”“中国共产党重要纪念地门券收藏展览”“毛主席纪念像章收藏展”“民间剪纸艺术展”“毛泽东诗词书法展”“千描百绘梨园情——京剧脸谱艺术展”“梨园永固，艺界荣光——智化寺藏梨园牌匾展”等（图 8—9）。

图 8 “千描百绘梨园情——京剧脸谱艺术展”

图 9 “红色记忆——民间剪纸艺术展”

由于馆内展陈空间有限，北京文博交流馆采取了与其他博物馆联合办展和开展巡展的方式宣传博物馆文化。2003 年，北京文博交流馆与无锡灵山佛教博物馆联合举办“佛教艺术展览”。2007 年，北京文博交流馆与海淀区博物馆合作，制作了“巴黎·北京——名门之秀”“北京古代科技展”“‘知文物法规，做古都主人’——新文物法规宣传”以及“漫步名人故居”四项展览，并在海淀区博物馆展出。其中，“巴黎·北京——名门之秀”还走进了北方交通大学，参加了该校的大学生文化节，受到了学生的关注和好评；2010 年，北京文博交流馆与首都博物馆合作共同举办“古匾尽显梨园春”展，展出了馆藏的 71 方梨园牌匾；2013 年，与国家大剧院合作，在艺术沙龙展厅推出“梨园古匾——智化寺藏梨园牌匾展”（图 10）。此外，北京文博交流馆积极开展巡展，将“古刹遗韵——智化寺音乐”“北京古代科技展”“‘知文物法规，做古都主人’——新文物法规宣传”“漫步名人故居”“博物馆采风展览”“文物知识和保护技术活动展”等展览带到学校、社区、军营、敬老院等单位进行巡展，把博物馆文化带到公众身边（图 11）。

图 10　国家大剧院展出的“梨园古匾——智化寺藏梨园牌匾展”

图 11 “文物知识和保护技术活动展”巡展

在做好本馆展览的基础上，为了充分发挥文博交流的职能，北京文博交流馆积极承办北京市文物局的大型图文展览。2009 年，推出“展人文北京风采，促世界城市建设——北京地区博物馆发展历程回顾展”和“数字博物馆建设成果展”，并赴北京市 18 个区县进行巡展；2010 年，推出了“方寸之间，‘章’显文化——北京地区博物馆纪念章展”“感动瞬间——博物馆志愿者风采展”等。

（四）2017 年展览改陈工程，提升展览质量，解读智化寺历史文化

近十年来，随着时代的发展和观众需求的变化，文博馆展览内容和展览方式显得比较陈旧，展览展示的手段落后、信息量不足，且多处展示背景墙和展板出现了老化变形的情况，急需对现有的基本陈列进行改陈。为了让文物活起来，把历史智慧告诉人们，2017 年文博馆再次进行展览改陈工程，本次改陈以智化寺文物古建为基础，创新展览展示方式，更新展览展示内容，将智化寺古建筑、智化寺京音乐等历史文化以全新的方式展现给观众，促进博物馆展陈环境质量、文化含量的双重提升，弘扬中国传统文化，吸引公众来馆参观。

通过改陈工程，北京文博交流馆开辟了钟鼓楼、智化门、智化殿、藏殿、大智殿、如来殿等展厅，共推出了“明式钟鼓　寓意深远——智化寺钟鼓展”“智化寺故事——智化寺历史沿革展”“奇工巧匠　艺术瑰宝——藏殿文化艺术展”“古乐传奇　余音绕梁——智化寺京音乐文化艺术展”“古建解码　营造之美——智化寺建筑展”“明承宋制　宝殿楼阁——如来殿原状陈列展”六个基本陈列和“馆藏精品　弥足珍贵——北京文博交流馆精品文物展”一个临时展览，详细地解读了智化寺的历史文化，并开辟了博物馆文化交流活动厅，作为馆内文化活动的体验场所（图 12—15）。

图 12　智化门展厅

图 13　藏殿展厅

图 14　大智殿展厅

图 15　如来殿展厅

二、经验总结和业务创新

（一）以观众需求为出发点，完成展览改陈工程

观众是博物馆的主要服务对象，随着我国综合国力的发展和人们生活水平的日益提升，越来越多的人走进了博物馆，希望了解我国传统的历史文化。因此，让每一位走进博物馆的观众都能在舒适的参观环境中

欣赏内容翔实的展览，参与丰富多彩的互动项目，是我们博物馆工作者的职责。因此北京文博交流馆在改陈前开展了观众调查，收集观众留言簿上的意见和建议，并对他们提出的问题逐一分析，使得改陈内容更加符合观众需求。观众的服务需求就是博物馆人的服务职责，博物馆是公共文化空间，我们应该注重细节，给观众带来更好的参观体验，让博物馆真正成为观众喜爱的文化场所。

（二）展示多年科研成果，深入解读展览内容

展览是一个博物馆的核心展示手段，是向观众宣传博物馆文化的直接窗口。每一次改陈都是建立在深入研究本馆文化资源的基础上，业务人员将对智化寺历史文化的研究成果转化为展览内容，并避免使用晦涩难懂的专业术语，追求简洁的形式设计，邀请专家进行内容把关，不断修改展览大纲，力求通过有内涵、有品位的文化展览来解读智化寺的历史与文化，可以说陈列展览是对多年来科研成果的集中展示（图 16—17）。

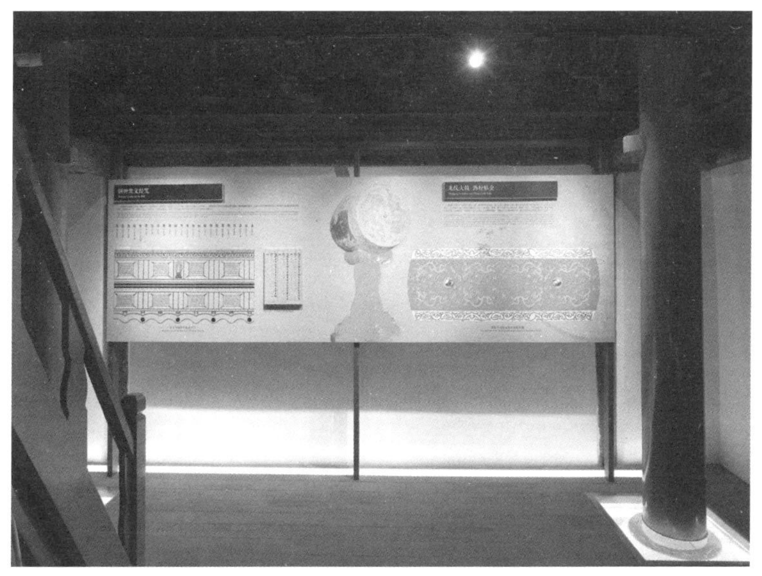

图 16 “智化寺钟鼓文化展”

图 17 “古建解码　营造之美——智化寺建筑展”

（三）合理利用多媒体技术，不断更新展示手段

在 2017 年改陈中，我馆合理利用多媒体技术，而不是单纯追求高新设备和技术，而是让多媒体真正起到为展览服务的目的。因此，我们精心设计，在钟楼展厅通过红外线感应技术，让观众可以在特定区域内听到明代铜钟的撞击声；利用藏殿、智化殿和如来殿展厅里的触摸屏，扩充展线，延伸展览内容，将大量高清照片和详细的解读文字录入其中，观众可以根据自己的兴趣点进行浏览（图 18）；设置了京音乐互动

图 18　藏殿触摸屏

体验区，让观众了解京音乐的乐理知识，并尝试亲自谱曲，模拟京音乐的器乐演奏（图 19）；在文博馆入口处的智化门展厅增加了 LED 显示大屏，滚动播放智化寺宣传片（图 20）；录制了万佛阁巡游影片，力求展现万佛阁的建筑美、意境美，并通过大型投影仪在一层如来殿西侧过道进行循环播放（图 21）。

图 19　京音乐互动体验触摸

图 20　智化门中用来播放京音乐宣传片的 LED 液晶显示屏

（四）改善灯光照明条件，宣传展示古建细节

为了让观众看得清展厅的文物和古建筑细节，在 2017 年展览改陈中，北京文博交流馆根据实际需要，在不损害文物本体的情况下，为古建筑室内展厅增加了照明设备。其中，在钟鼓楼展厅的柱础位置加装灯

图 21　万佛阁巡游影片

具和透明玻璃，使柱础亮了起来；藏殿展厅使用了特殊的三角形支撑灯具打亮了转轮藏顶部的藻井和毗卢遮那佛，同时打亮转轮藏本体；在智化寺展厅使用射灯照亮三世佛，并对三世佛背后的明代壁画采用了低照度的瀑布洗墙灯，由值守人员直接控制灯光开关；后抱厦内的佛像则采取微光灯具照明技术（图 22—23）；对如来殿（万佛阁）采用了打亮主体佛像的做法，同时借助灯光让观众看清屋顶的天花彩绘。

图 22　智化殿展厅照明效果

图 23　智化殿后抱厦壁画照明

在对室内展厅进行改造的同时，利用 LED 节能洗墙灯让古建筑的正立面亮了起来，为保障博物馆夜间安全和开展“博物馆之夜”活动做好保障（图 24）。在本次改陈中，对院内路灯也进行了设计，经过多次实验，最终设计出满足夜间照明需求，外观简洁大方，又体现着北京文博交流馆文化特色的路灯照明系统。

图 24　智化寺第二进院的整体照明效果

（五）不断提升服务设施，打造舒适参观环境

为了给观众提供良好的参观体验，我们精心改善服务设施，打造舒心的参观环境。第一，增加了必要的中英双语游览指示牌，引领观众参观游览；第二，利用树坛增设供观众休息的座椅，充分利用馆内空间，

努力提供了更多的休息区域；第三，提供了自动储物柜，方便观众寄存小件行李，轻便参观（图 25）；第四，在咨询服务中心为观众提供中、英、法、日等语言的语音导览系统，方便中外观众详细了解智化寺（图 26）；第五，开发智化寺游览 APP，让观众可以提前了解参观重点，也方便进行参观回顾（图 27）；第六，按照国际标准重修户外无障碍通道，同时提供轮椅等服务设施，满足特殊人群的参观需求。

图 25　自动储物柜

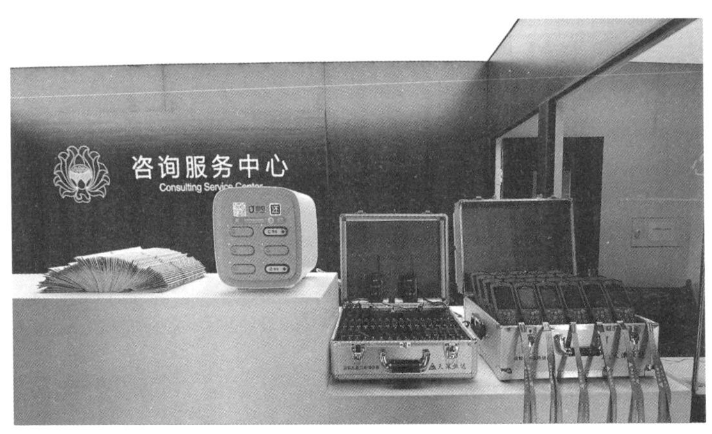

图 26　咨询服务中心为观众提供语音导览机

图 27　手机 APP 导览系统

（六）适时开发文创产品，满足观众文化需求

为了满足观众日益增长的文化需求，北京文博交流馆借助本次改陈完成了新一批文创产品的开发，生产了藻井雨伞、天花丝巾、纪念章、工尺谱茶具套装、“敕赐”帆布袋等文创产品等一批文创产品（图 28—29）。这些产品由于造型美观、制作精良、设计巧妙、实用性强，受到

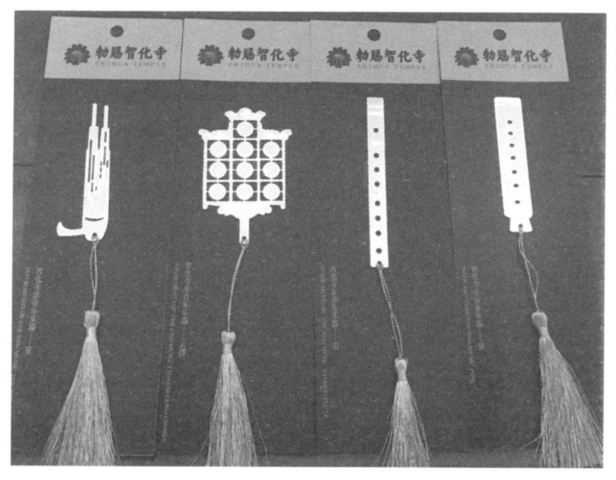

图 28　文创产品——京音乐金属书签

图 29　文创产品——京音乐茶具套装

了观众的喜爱，满足了观众带博物馆文化回家的需求。

回顾文博馆近四十年来的展览改陈工程，我们力求宣传展示博物馆文化内涵，弘扬中华文明，让博物馆贴近民众，贴近生活，让所有走进博物馆参观的观众都能感受中华民族文化的博大精深和华夏先民的无限智慧。在今后的展览活动中，北京文博交流馆将不忘初心，砥砺奋进，百尺竿头，更进一步，努力为观众奉献更多更好的博物馆展览，让博物馆真正成为公众喜爱的文化场所。

我与博物馆的记忆

——保管十年梦一场

北京市古代钱币展览馆　李　廙

自 2006 年 7 月到现在，在北京市古代钱币展览馆入职已经快十二个年头了，说长不长，说短也不短。在这十几年里自己也有好多事情发生，不是三言两语可以概括的，但又不知从何说起，细细想来还是从印象深刻的说起吧！

2005 年本科毕业，那一年我 24 岁，可以说正值青春壮年，有满腔的热情无处释放，急需一个平台施展抱负，2006 年 7 月进入北京市古代钱币展览馆，也许是冥冥中自有注定，开启了我和“博物馆”的缘分。我的博物馆生涯是从库房保管员开始的，曾有人问过我在博物馆工作的感觉，有什么乐趣，我后来仔细地思考过，认真地给了他一个答案：对我而言在博物馆里最大的乐趣就是能在工作的过程中感受到古代文明与现代文明的对接。是什么意思？就是在工作的过程中每接触一件文物所蕴涵的各个不同时代的经济、贸易、交易等通过触摸小小的钱币文物去感受每个时代、每种文化传达出的“贵气”和“地气”。在博物馆里的货币不仅有着历代最有代表性、工艺最高超、最具文化特征的文物精品，更让人觉得趣味横生的是生活在某一时代的人使用的货币交易传递出的浓浓的人间烟火味，这种烟火味虽不及那些高大上的精品来得绚丽夺目，却与我之间产生了琥珀拾芥的感觉，觉得自己在工作的时候和某个时代的人们的生活竟是如此靠近，触手可及。白驹过隙，带着这种有趣美好的体验，我在博物馆不知不觉工作了十二年多的时间，一些工作经历让我至今印象深刻，形成了我博物馆生涯里如珍珠一般的记忆，那些片段稍一提及就如电影般在脑中闪现。你可能不理解，文物库房对于博物馆人是一个多神秘又神圣的存在，即使你知道身在博物馆，如果不在保管部工作，也未必有机会见到它的“庐山真面目”，而我，何其幸运，在保管工作中，并在文物库房“战斗”过多年，真实地触摸过那些满载着历史文物痕迹和古人生活气息的文物。当时的我对文物知识一知半解，也不懂文物摄影，对触碰文物诚惶诚恐。还记得刚开始拿文物的时候，双手紧紧地握着小小的古钱币，生怕手滑掉落，然后慢慢挪到文物展柜前。文物保管工作繁多，责任重大，包括上账、写号、清点、上架、布展与撤展、拍照等，程序烦琐。

还记得第一次全国可移动文物普查工作期间，我曾经在文物库房、展厅采集馆藏文物信息，此次普查需对文物名称、类别、级别、年代、质地、外形尺寸、质量、完残程度等多项数据进行准确详细的采集。那个时候，每天的节奏就是不停地测量文物，不停地拍照，一个展柜的文物信息采集完毕，就把摄影的设备和器材挪到下一个展厅及展柜，兢兢业业，不敢在任何一个环节中懈怠。

当然，保管员的工作并不只有埋头苦干，也有许多福利和乐趣，比如能看到展厅里没有展出的文物，可以近距离地观察文物。我特别感谢那些笑中带汗、带累的日子，这是保管员的工作带给我最好的礼物，它让我学会普通的如你我一般的人，从小没怎么受过苦的八零九零后在平凡的岗位是怎么践行着“责任”二字，受过的苦，其中滋味只有亲身体会才可以感受得到，现在提笔写来我心中都五味杂陈！即使头挂灰尘满身是汗，即使在小板凳上、趴在地上写着文物编号，即使每一次拿起文物都小心脏怦怦直跳，都要一如既往地保持着认真严谨、吃苦耐劳的态度和做法，这是对文物的尊重，更是对保管员这三个字的尊重。该怎么形容这个工作？也有趣也辛苦，有难度有见识，还带着对文化和艺术的鉴赏能力。

我是非常喜欢待在展厅的，因为每一个展览都凝结着所有参与者集体智慧的精华，在我经历了“懵懂—学习—入门—上手”一系列的学习历练之后，领导安排我负责博物馆的展陈工作，现在我可以按照展览思路去梳理展线布展，确定每个展柜大约能摆放几件文物，根据展线目测展柜，挑选文物入柜，调试灯光……通过这些，让我更加热爱博物馆，因为它让我深切地了解到博物馆人为展示历史、文化和文物时那些看似轻松却饱含专业的付出。当观众走进展厅对展览啧啧称赞，或面对某件展品驻足观赏、讨论的时候，站在不远处的我自豪感油然而生。展陈工作给予我们以相对自由的灵感和创意，让我以自己的方式表达着博物馆人对工作的热爱和自信。

如果你问我在博物馆里最“自我”的工作，我会想到的是坐在电脑前“码字”的情景。大纲撰写、公文书写、合同拟定，让我犹如热锅上的蚂蚁一般，每天从屁股一坐在凳子上开始就不停工作，但这也还好，因为只要合理安排时间，还是能够完成的。让人焦灼的不只是工作的数量，而是工作的质量。所幸的是，单位的领导，对我写的公文材料以修改为主。我有空余时间就翻书学习，在领导布置工作的时候也敢开口确定领导所说的话，询问他要表达的意思，写公文的时候也慢慢不似从前般不知如何下笔，总算找到了一些方向和方法。这些年我通过撰写各类材料，受益匪浅，除了写作方面有了一定的进步，更为重要的是切身地感受到了作为一名文秘的辛苦付出，你所看到的淡定从容，一气呵成，并不是天赋异禀，而是经过了长期的积累和锻炼。你所见到简单的一纸公文，并不是一蹴而就，而是凝结了想法和思路，聚集着作者的心血和智慧。

十二年时光，我在奇妙的博物馆里实现着自己年少时最初的梦想，身边也尽是“武林高手”，在这个“伊甸园”中，每个人都默默努力打磨自己，编织着自己的“文博梦”。前路漫漫，愿你我始终有梦，因有句话叫：“梦想还是要有的，万一实现了呢？”所以“梦想是必须要有的，有梦才有希望”。

这些年我一个人走在路上拖着一个装满疲惫的行囊，尽管这么多的酸甜苦辣，但我想说：“我对‘你’依然如初，既然选择了‘你’，我就会坚持到底！”不辜负大家的认可，不辜负我美好青春的满腔热情！我相信有更多更精彩的生活在等着我……

希望我能成为更优秀的自己！

新技术环境下如何让博物馆文物“活”起来

刘少奇同志纪念馆　吴力斌

摘　要：科技日新月异，正在改变着人类生活的各个方面，博物馆身处变革之中，也无法逃离。博物馆如何在这场变革中实现自我升华，是博物馆人应该深思的命题之一。笔者结合多年来的博物馆工作以及平常所观、所感，略谈一二，以求教于专家和同行。

关键词：博物馆；文物；新媒体；IP；技术

党的十八大以来，“让文物活起来”逐渐从理念转化为行动，那些在历史长河中积淀下来的文物珍存不断走近百姓、走进当代、走向世界。

目前，以技术驱动为主要动力的变革正在深刻地影响着人类的消费环境、互联网环境、技术环境、社会环境、资本市场环境。各种新技术在快速发展、快速迭代，所有行业都应该特别关注新技术的变化，关注新技术所带来的挑战、影响与冲击，博物馆行业也不例外。

笔者认为博物馆一定不能只是把技术看作是一次方法的变革，更应该看清这种方法的变革，可能带来的模式、思维方面的影响，进而更快地调整自我、融入这场变革中，更好地利用这场变革让博物馆文物“活”起来。

一、新媒体传播让博物馆文物“活跃”起来

今天的我们站在了第四次传播革命的风口浪尖，即便把文字的发

明、印刷术的发明和电讯技术的发明这三次传播革命的所有成果都算上，也不会比今天的互联网给人类社会带来的变革更大。2018 年 9 月，中国互联网络信息中心发布数据，中国网民数量超过 8 亿，而 98.3% 的人都在用手机上网，微信、微博、新闻资讯类 APP、综艺和短视频类 APP 等新兴媒体几乎成了所有人手机的标配。

在超级互联的今日，博物馆如何在生活节奏越来越快、娱乐选择越来越多样、人人都是自媒体的移动互联网时代，让博物馆文物随着时代节奏“活跃”起来，有效服务大众文化需求，激发年轻人群对博物馆文化的关注和热情，已经成为博物馆文化当前发展阶段的关键命题。

（一）国家博物馆都“抖”了，你还在等什么

2018 年，5 月 18 日国际博物馆日及 6 月 9 日中国文化遗产日之际，由湖南省博物馆组织发起，携手国家博物馆、南京博物院、山西博物院、陕西历史博物馆、广东省博物馆、浙江省博物馆六大博物馆联合推出的“博物馆抖音创意视频大赛”让全国年轻网民耳目一新，是博物馆运用新媒体让文物活起来的一次成功尝试。

此次七大博物馆与抖音合作的开端，是七大博物馆的七件“镇馆之宝”以创意短视频的形式同一时间在抖音平台展出。这次抖音实现了中国国家博物馆的后母戊鼎、南京博物院的明代青花寿山福海纹香炉、湖南博物馆的西汉 T 形帛画、陕西历史博物馆的兽首玛瑙杯、浙江省博物馆的朱金木雕宁波花轿、山西博物院的西周鸟尊以及广东省博物馆的西周青铜盉七件国宝跨越时空同台亮相，这是历史上首次。

为了吸引更多年轻受众参与此次“博物馆抖音创意视频大赛”，中国国家博物馆首先通过其抖音官方账号发布视频“嗯——奇妙博物馆，不如跳舞，魔性地走起”，发布后第二天视频点赞量已接近 40 万，评论数接近 1 万。此次“博物馆抖音创意视频大赛”自 5 月 18 日（国际博物馆日）启动以后，短短 20 余天时间里，参赛人数高达 5.5 万人，总播放量 6.6 亿，总点赞量 2807 万，分享次数 63 万次。原本静默在展台上“肃穆而立”的国宝文物们，在视频中配合着抖音旋律翩翩起舞，让人忍

俊不禁之余，也使更多年轻人加深了对这些文化瑰宝的关注和认知。

抖音音乐短视频平台是90后、00后年轻人的潮流聚集地。本次活动是博物馆致力于让文物“活”起来的一次有益尝试，将博物馆的优质内容通过小视频的方式传播的一次大胆探索，七家博物馆借助活动更好地展示馆藏文物，讲述中国故事，传承中华文明，通过年轻化的创新展现形式，不仅让博物馆文化真正突破固有的时空限制，以更加开放的崭新形态向公众开放，提升了普通民众对国宝文物鉴赏的接受程度，也颠覆了此前博物馆在年轻受众心中的固有认知，让文物在新媒体的传播下“活跃”了起来，让博物馆文化深入到年轻群体当中，吸引了更多的年轻人关注博物馆，走进博物馆。

（二）《国家宝藏》在新媒体平台的热播给我们什么启示

2017年年底，中央电视台携手九大国家级博物馆（院）打造的大型文博探索类节目《国家宝藏》，一经播出便引发强烈反响。

节目立足于中华文化宝库资源，从博物馆“文物”入手破题文化综艺，打破了传统的文化节目固有思路，敢于创新。采用了一种年轻人喜闻乐见的话语体系、讲述方式，采用情景剧的方式，通过邀请有影响力的公众人物作为“国宝守护人”，“演活了”文物背后的故事，通过电视化语言的呈现让文物“活”起来，让文物不仅是一件博物馆中的陈列品，而是能够让观众感受到“生命”的文化传奇。在节目中，流量明星、实力派演员，非遗传承人、建筑大师、故宫志愿讲解员，不同身份不同背景的人们因为同一件国宝汇聚一堂，让观众在欢笑中感动，在感动中了解文物所承载的文明和中华文化延续的精神内涵。

截至2018年3月15日，节目相关视频全网播放量近7亿次，节目音频在喜马拉雅FM收听量达2.6亿次，节目主题曲《一眼千年》MV全网播放量破4000万。微博方面，主话题#CCTV国家宝藏#阅读量达18.7亿，粉丝讨论量破100万；节目关键词30余次登上微博热搜榜。微信方面，与节目相关阅读量破“10w+”的微信公众号文章数量破百篇，节目相关微信公众号阅读量破“5000w+”。

与新媒体传播数据相对应的，是广大年轻受众的关注度与口碑，节目完整视频在以年轻用户为主体的视频网站 Bilibili 上播放量破 2000 万次，网友评分高达 9.9 分，创电视综艺 B 站互动第一。节目豆瓣评分最高达 9.5 分，被豆瓣评为 2017 年度最受关注的大陆电视综艺节目。《国家宝藏》的关注人群集中在“95 后”甚至“00 后”的年轻群体，诸多年轻网友自制节目嘉宾及国宝表情包、动漫手绘、视频等，进一步引爆话题，首次形成国宝的“拟人化传播”，在新媒体平台产生了巨大影响。

随着节目的播出，“为一座博物馆赴一座城”成为旅游项目新热门，《国家宝藏》中介绍的部分博物馆参观人数较去年同期提升了 50% 以上。

《国家宝藏》让古典文化不仅“活”了起来，还“潮”了起来，更“燃”了起来，“活跃”了起来。《国家宝藏》的成功给我们博物馆人一个重要的启示：拥抱新媒体传播，就是拥抱大众，移动互联时代，观众在何处，传播就在何处，只有真正掌握媒体格局的新趋势，用最先进的传播手段，才能把民族最上乘的文化交予万众共赏。

二、新技术应用让博物馆文物“活动”起来

随着娱乐时代的到来，受众早已不习惯于教条和说理性较强的灌输方式，而运用 VR、互动魔墙等技术手段对文化遗产或者文物的内容进行生动展示，既可以让博物馆文物“活动”起来，改变受众对文物陈旧、落后的看法，又可增强其对文物的兴趣和关注度，让受众对文物的内容更易于接受和喜爱，从而达到扩大传播范围和加强其影响力的目的。

（一）VR（虚拟现实）让你和文物零距离接触

为了保护和传承云冈石窟这一世界文化遗产，云冈石窟研究院运用 VR 技术实景还原了云冈石窟第十八窟全貌。观众带上 VR 头显设备后，尽管眼前所呈现的是虚拟的，但却与真实的云冈石窟别无二致。反而 VR 下的云冈石窟更具艺术性，戴上 VR 头显仿若穿梭至石窟内，原本不对外开放的石窟内部，在 VR 的环境下皆可随意走动，肆意鉴赏。

通过控制手柄，还可以飞升至十几米高的上空感受云冈石窟十八窟的真容，近距离观赏主尊大佛的宏伟气势，“千佛怨缘”的旷世传奇，两侧胁侍菩萨的柔和娇美，胁侍佛的庄严隆重，窟壁释迦牟尼佛“十大弟子像”及各小佛伸手可触，以全新的方式给体验者前所未有的感官盛宴。

在敦煌莫高窟中，每年仅开放 10 个不同时代的洞窟，其他因保护的原因不对外开放。而有了 VR 虚拟现实技术新应用，观众就可以通过 VR 虚拟漫游来观看不常对外开放的珍稀洞窟。通过 VR 技术，人们通过佩戴 VR 眼镜便进入了石窟的空间，可以自由地转动身体来观看不同方位的石壁，还可以控制视线落点来放大其中的壁画，达到凑近观察的效果。数字高清记录的壁画十分清晰，甚至比身临现场看得更多更清楚。

VR 虚拟现实的出现打破空间和时间的限制，即便身处家中，随时都可以领略各地的名胜古迹；使用 VR 技术能使游客深入景点内部，近距离欣赏一些现实生活中无法观赏的景物；融入科技元素后，可以使风化了一千多年的、现场看起来很残破的实物变得科技感十足，这可以大大提升游客的体验感；利用这种沉浸感，把历史文化讲出去，更能激发游客去现场观看文物本体游览的欲望，又能提升景区的知名度；还可以创造更多的社会效益和经济效益。

我们利用数字化可以把文物的数据保存下来，存在计算机里，文物消逝了还可以拿出来进行修缮、重建以便留给子孙后代。但除了文物的存档之外，数字化对文物的传播没有实际意义，而 VR 引入之后，我们就可以真正地让文物“活动”起来，走出去。“VR+ 文物”模式不仅能探索、创新博物馆的展览方式，而且可以在青少年群体中普及 VR 知识，播下创新的种子，放大创新的力量。

（二）点一点，魔墙告诉你有关文物的所有信息

互动电子魔墙是现在较为流行的博物馆文物与观众互动的高科技设备，通过互动大屏用魔墙软件将藏品通过图文、视频、3D 画面等形式进行展示，也叫瀑布流水墙。数字魔墙软件配合大型定制触摸屏，动画非常流畅，根据软件和每个屏幕的精确匹配和精准触控以达到舒适的体

验效果。同时，参观者可以通过管理后台开发的第三方接口，与官网，微信，手机导览 APP 对接，下载图片、内容或系统向参观者的智能移动设备推荐导览路线。

以三峡博物馆的“互动展示魔墙”为例，这面约 10 余平方米的高清“魔墙”，展示了该馆珍贵馆藏文物和重庆市全国重点文物保护单位的图文介绍。站在“魔墙”前，参观者会被面前不断涌现的文物图片所震撼。如果对哪件感兴趣，只需轻轻一点，就可以欣赏这件文物的细节和文字介绍。此外，这块“魔墙”还提供了检索功能，只要输入关键词，就能检索到相应的文物资源。“数字魔墙”具有超大屏，分类管理特点，参观者可以通过“数字魔墙”搜索到展览馆中相对应的文物，并快速精准获取文物的信息；通过各种手势交互，可以将 3D 文物模型随意放大、缩小，720° 无死角旋转，轻击文物图片，还可以观看魔墙内文物对应的文字和视频讲解；“数字魔墙”的魅力还不止这些，“数字魔墙”支持多人同时同屏操作，参观者之间互不干扰。这些有趣的高科技产品让文物与人有了互动，真正地“活动”了起来。

三、新载体开发让博物馆文物“活泼”起来

文化创意产业是世界经济的主要贡献者和驱动者。在国民和地区经济中占据的比例也越来越大，在国家文化复兴战略中具有举足轻重的地位。博物馆应该致力于深入挖掘文物资源的价值内涵和文化元素，推动沉淀在文化文物单位中的文化资源真正活起来，形成新的经济增长点，推动文化文物单位实现自我优化和提升，进而实现“文物活起来、文化走出去”的目标。

博物馆给观众的印象一般是厚重的、严肃的，其实，它也可以活泼、可爱，这样更受现代人尤其是年轻人欢迎。观众买得起、愿意带回家的好看、好吃或者好玩的文化创意产品和文物 IP 开发产品，就是很好的文物宣传载体，在传播文化的同时，也让文物变得“活泼”起来。

（一）文创产品开发让文物焕发永恒的生命力

说到文创产品，不能不提台北故宫。2013 年“朕知道了”皇帝朱批纸胶带曾被热捧成为一个现象级事件，当时原价人民币 42 元一盒的纸胶带，成为游客必买文创小礼品，年销售量超过 18 万件。

从台北故宫文创品开发得到灵感的北京故宫博物院，这几年文创品开发风生水起，很多“爆款”潮品早已名声在外，但没想到那么火。“朝珠耳机”“奉旨旅行”腰牌卡、顶戴花翎官帽伞、“朕就是这样的汉子”折扇等产品推出至今一直就受到年轻人的追捧。“朝珠耳机”还一度成为 2014 年中国最具人气的十大文创产品第一名。2015 年 8 月 5 日，在“故宫淘宝”店推出 1500 个“御前侍卫手机座”，仅一个多小时的工夫就宣布售罄；4500 个“八旗不倒翁娃娃”，也在开售 8 小时全部卖完，就淘宝店一项总计一天内就销售了 1.6 万单文创产品。故宫文创收入已成为故宫运营、建设、开发经费的有力补充。

目前与故宫形成各类合作关系的单位有 60 多家，所以故宫的文创产品能够在设计风格、产品种类、材质物料等方面及时吸纳到社会研发力量的精华，能够应时应景推出呼应于市场的新产品，“卖萌”的、文人雅士手办礼类的、高大上的、限量版奢侈品等应有尽有，在风格、题材、价位方面能满足社会不同层次的购买需求。比如故宫建院 90 周年纪念活动，特别推出了限量定制的“宫廷珐琅纯金纪念腕表”，采用故宫专属国宝级工艺“微雕暗刻度珐琅”纯手工打造，每只售价 50 万元，纪念大会当日推出即抢购一空。

2016 年 5 月 11 日，国务院办公厅转发了文化部、国家发改委、财政部、国家文物局 4 部委联合印发的《关于推动文化文物单位文化创意产品开发的若干意见》，要求深入发掘文化文物单位馆藏文化资源，发展文化创意产业，力争到 2020 年，逐步形成形式多样、特色鲜明、富有创意、竞争力强的文化创意产品体系。我们处在今天这个移动互联时代，文创产品的开发一旦与互联网技术的分享渠道打通，发展空间大有可为。

（二）有故事、有内容的 IP 开发让文物经典永流传

开发的产品只是冰山的一角，最重要的是如何利用产品产生最大规模的影响，从而利用流量来带动产品销售，IP 开发是不可多得的一条出路。何为 IP？即知识产权，是包括著作权、专利权和商标权在内的一种无形的文化资产，例如知名的小说、游戏、动漫等。IP 开发是围绕知识产权的“一鸡多吃”，小说拍成电影，游戏做成真人秀，动漫生出衍生品。同理，博物馆不仅是景区，其浓厚的历史底蕴、丰富的文化价值，同样可以视作 IP，同样有多种“吃法”。

美国自然历史博物馆与电影公司合作了全世界知名的电影《博物馆奇妙夜》，利用电影全球放映的契机，突破了博物馆卖产品的桎梏，而且把博物馆 IP 变成了流行文化，在全世界的电影院进行销售。借着奇妙夜的电影情节，美国自然历史博物馆推出了提供给孩子的过夜项目，一家人可以从下午 6 点过夜到第二天早晨的 9 点，尤其是万圣节夜晚的票是最好卖的。

目前博物馆 IP 开发仍简单停留在元素应用上，离真正意义上的内容 IP 开发仍有距离。真正的 IP 开发则包含大量衍生品，最为典型的就是迪士尼，其衍生出来的米奇玩偶、漫威模型、印着暴风兵图案的 T 恤等，已经成为产业教科书上的经典案例。和一般文创产品形式不同，这类 IP 开发最大的特点在于有故事、有内容，因而能够被消费者发自内心地喜爱。

纪录电影《我在故宫修文物》是博物馆界开发内容 IP 较为成功的案例。影片用光影探幽析微，忠实记录了故宫书画、青铜器、钟表、木器、陶瓷、漆器等领域稀世珍宝的修复过程，集中展示了故宫殿堂级的“文物医生”以及让旧物重光的神奇“文物复活术”。这部影片播出后，很快就凭借深刻的思想内涵、鲜明的艺术风格、精湛的工艺技术、高雅的文化品位，赢得了市场口碑，特别是在年轻人中掀起了持久的文物热，生动践行了习近平总书记的殷切嘱托——“让收藏在禁宫里的文物、陈列在广阔大地上的遗产、书写在古籍里的文字都活起来”。

文物是中华民族的精神标识，是全体人民的珍贵财富。对于一个国家来讲，让文物活起来可以激发人民群众对中华优秀传统文化的了解、认同和热爱，坚定文化自信，汇聚发展力量；对于一个城市来讲，让文物活起来可以使市民找回老城记忆，体现城市精神，提升城市品位，展现城市魅力；对于一个乡村来讲，让文物活起来可以彰显地域特色，让居民望得见山、看得见水、记得住乡愁。

我们正处于坚持以人民为中心的改革发展伟大时代，让文物活起来，定会深入人心、蔚然大观，定会谱写经济发展、社会进步与文物保护、文明传承交相辉映的美好篇章。

博物馆在传统工艺美术保护与传承中的作用

——以北京地区为例*

国家博物馆　吕　埴

摘　要：由于得天独厚的地域优势，北京是中国传统工艺美术品种和技艺最为集中的地区之一。同时，北京地区的博物馆总数已达179家，居全国城市榜首。在国际上，收藏、管理、展示传统工艺美术多是由博物馆来完成的。博物馆的保护与传承是一种科学的传统工艺美术保护与传承方法，在实际操作中也起到了很好的效果，已经成为保护与传承我国传统工艺美术的主力军。北京地区的博物馆趁势而为，敢于创新，不仅为传统工艺美术的保护与传承提供了良好的氛围，也促进了博物馆自身业务的发展。

关键词：博物馆；传统工艺美术；保护与传承

在国务院1997年5月20日颁布的《传统工艺美术保护条例》中，对“传统工艺美术”[1]做了较为确切的定义，特指那些不仅要有历史积淀，还要具备很高的工艺水平和艺术价值的手工艺品种和技艺，它凝结着数代能工巧匠的聪明才智，是中华优秀传统文化的重要组成部分。由于得天独厚的地域优势，北京是中国传统工艺美术种类和技艺最为集中

* 本文为教育部规划基金课题“大城市濒危传统手工艺传承保护机制研究”（16YJA760044）阶段性成果。

的地区之一。

北京地区的传统工艺美术最早可以追溯到春秋战国时期，但真正的奠基还是在辽金定都以后，直至明清两朝达到大发展、大繁荣的辉煌局面。历经近千年的传承与发展，北京地区的传统工艺美术早已具备了深厚的文化底蕴和鲜明的艺术风格。然而自 20 世纪 90 年代以来，在市场经济的影响下，北京地区的传统工艺美术行业急速萎缩、衰败，遭遇资金、市场、人才等多方面的发展瓶颈。一时间，拯救传统工艺美术成为北京社会各界共同的呼声。

截至 2017 年，北京市注册登记的博物馆总数已达 179 家[2]，居全国城市榜首。在国际上，收藏、管理、展示传统工艺美术多是由博物馆来完成的。博物馆的保护与传承是一种科学的传统工艺美术保护与传承方法，在实际操作中也起到了很好的效果，已经成为保护与传承我国传统工艺美术的主力军。作为社会公益性文化机构，北京地区为数众多的博物馆在我国传统工艺美术保护与传承中，发挥着巨大作用。

一、对传统工艺美术的收藏与研究

如今，传统工艺美术的保护与传承是一件十分棘手的工作，它必须与飞速发展的现代社会进行抗争。数据显示，在中国几乎每分钟都有一位老艺人或一门老手艺消失。因此，博物馆的收藏虽说是一种静态的保护，但却是最便捷、最有效的途径，其作用是不可小觑的。按照国务院《传统工艺美术保护条例》的相关规定，各级博物馆有责任去征集辖区内工艺美术大师制作的具有收藏价值的作品，收藏过世工艺美术大师的代表性遗作，还可以购置原材料向工艺美术大师定制高质量作品等[3]。而由国家文物局 2003 年 5 月 13 日发布的《近现代文物征集参考范围》中，也明确要求各级博物馆征集具有代表性的民间和民族工艺品，范围几乎涵盖所有传统工艺美术品种[4]。时至今日，国内大多数博物馆都收藏有传统工艺美术品。北京作为我国的政治、文化中心，该地区的博物馆对于传统工艺美术品种的收藏可谓是立足北京、涵盖全国。

成立于1987年的北京工艺美术博物馆隶属北京工美集团有限责任公司，是国内首家由企业创办的工艺美术博物馆。馆藏历代工艺美术作品3600多件，上起三代，下扩至今，门类多达20余种，其中尤以近现代北京地区的牙雕、玉器、景泰蓝和雕漆（俗称“四大名旦”）最具代表性，这些优秀的传统工艺美术门类曾长期陈列于中南海、人民大会堂等重要场所，或者作为国礼赠送给外国元首[5]。创建以来，北京工艺美术博物馆十分明确自身作为博物馆的职能和责任，对于传统工艺美术的收藏保护做了很多卓有成效的努力，为博物馆保护与传承传统工艺美术提供了极佳的范例。

中国工艺美术馆是国家级专业博物馆，隶属文化和旅游部中国艺术研究院，主要职能为发掘、整理、研究传统工艺美术技艺，征集、收藏、展示当代中国工艺美术精品。在《传统工艺美术保护条例》中明确赋予了中国工艺美术馆作为国家级博物馆，对征集、收藏中国工艺美术优秀作品所担负的职责[6]。随着中国工艺美术馆新馆建设工作的推进，为丰富扩大馆藏，全面展示中国传统工艺美术历史和现状，中国工艺美术馆开始了征集馆藏作品的工作。为了切实做好馆藏作品的征集工作，中国工艺美术馆发文函告全国工艺美术各相关单位，希望相关单位根据本地区工艺美术发展现状，向中国工艺美术馆推荐代表当地最高水平的工艺美术精品，包括优秀创新作品、老艺人的存世佳作以及具有地域特色的民间工艺美术作品。中国工艺美术馆将对推荐的作品资料进行调研和甄选，初审合格后，组织专家组进行鉴定评估，并将作品征集意见报上级主管部门审批。对确定征集的传统工艺美术珍品，中国工艺美术馆将颁发收藏证书，并列入中国工艺美术馆馆藏品永久保存。

我们需要珍视具有高超技艺的传统工艺美术门类，但也不能忽视许多来自民间的质朴的工艺美术品种，因为它们是“民间智慧”的结晶，是最基层的传统文化，倘若失去了这一群体，就无法追溯传统工艺美术的“根”。中国美术馆是北京地区较早从事传统工艺美术项目收藏的博物馆之一，光是民间美术类作品收藏就达60000余件（套），包括年画、剪纸、皮影、木偶、泥塑、刺绣、印染等数十个门类。在皮影戏早已淡出我们生活的今天，中国美术馆却收藏着17000余件皮影作品，时间跨度约600余年，涵盖陕西东路、陕西西路、山西、北京、唐山、辽宁等地的多种艺术风格。题材为人们所熟悉的古典文学改编的传统戏曲，以及表现盛大的民俗活动的“山西社火”“北京大过会”等。此外，中国美术馆收藏的还有民间艺人珍贵的皮影图稿、影卷、刻制工具、民间影戏班的影箱、影包及演出用的锣、鼓、铙、钹等[7]。也正是中国美术馆的收藏和保存，使得皮影这一濒危的传统工艺美术得到记录、抢救和保护，为美丽中国保留一道靓丽的风采。多年来中国美术馆的探索和努力，既是对这些民间传统工艺美术项目的有效保护，又能极大地丰富博物馆的馆藏。

不可否认，博物馆是传统工艺美术静态保护最理想的场所，它具有收集、保存、研究中华优秀传统文化的责任，且是对社会开放的公益性机构，传统工艺美术在这里会适得其所，成为中华民族珍贵的文化遗产。当然，博物馆不但会收藏体现传统工艺美术的器具、实物、手工制品等，还会对传统文化表现形式和文化空间有关的文字、照片、视频等资料进行保存。而且随着全社会对传统工艺美术保护与传承意识的提高，作为收藏传统工艺美术物质载体的重要场所——博物馆，其相关工作会更加繁杂，不光需要增加和完善更多的保存空间，还要不断改进和创新更多保护手段。

2017年10月23日，恭王府博物馆与中国工艺美术学会签署战略合作协议，共同成立“中国工艺美术学会传统工艺协同创新中心”，该中心将以振兴传统工艺为宗旨，开展“中国传统技艺分类保护标准研究”项目，就工艺美术各专业门类开展课题研究，搜集和整理相关资料，编纂出版相关学术成果[8]。符合条件的博物馆，也要建立类似的传统工艺美术研究中心，利用自身的馆藏、人才等优势，开展形式多样的学术研究活动，为后人留下宝贵的物质和精神财富。因为时代的更迭和商业化生产的普及，慢工细作的传统工艺美术作品已离我们的生活渐行渐远。除了工艺技法上的精益求精，传统工艺美术还承载着老艺人在他们那个时代里曾无比珍视的造物信仰和超乎功利的用心[9]。

在征集收藏的基础上，北京地区的博物馆历来重视对传统工艺美术的挖掘和文字整理，从分散到集中，从综合到提升，为传统工艺美术的保护与传承打下了良好的基础。尤其是近年来，在中国工艺美术学会、北京工艺美术学会、北京工艺美术行业发展促进中心等机构的积极推动下，借助北京地区丰富的博物馆资源，对为数众多的传统工艺美术品种进行及时的收藏保护，并积极开展学术研究工作，推出不少研究成果。这些研究成果为优秀传统文化的研究开辟新的视角，增添新资源，为有关机构制定传统工艺美术保护与传承的措施提供专业的智力支持。

二、对传统工艺美术的展示与宣传

当下传统工艺美术行业发展受阻，其中一个非常重要的因素就是缺少自身展示与宣传的平台。从事传统工艺美术创作和生产的个人或企业普遍面临生存困难，很难拿出资金来进行作品展示，自然不会有什么宣传效果，社会影响甚微。博物馆恰恰有着对传统工艺美术进行展览、展示，向社会宣传、教育的资源和条件[10]。

由于以前旧的北京工艺美术博物馆面积狭窄，使90%以上的藏品难以面世，为此北京工美集团积极筹建新的馆区，以便更好地组织开展传承技艺、制作表演、文化艺术交流活动。北京工艺美术博物馆奥林匹克公园主馆汇集了新中国成立以来北京地区名家大师的珍品杰作，常年开馆，对院校、机关团体参观可事先预约专人讲解，其下设的珍精品展览部，是促进国内外文化交流、举办各种展览的理想场所；北京工艺美术博物馆德胜门分馆主展青铜、瓷器、杂项等；北京工艺美术博物馆CBD分馆内设精品展厅，主展民间工艺品。尽管北京工艺美术博物馆数次变更馆址，但弘扬和发展传统工艺美术的初心却始终不变，如今已经成为北京传统工艺美术行业对外展示与宣传的重要窗口，每年都要接待大量国内外参观观众。北京工艺美术博物馆长期设置北京工艺美术珍品陈列，同时不定期展出其他馆藏作品，还曾多次成功承办高规格展览，先后有《中国名窑名作展》《北京工艺美术大师精品名作展销会》

《纪念象牙雕刻大师杨士惠从艺65周年牙雕作品展》等共50余项展览，取得了很好的社会效益和经济效益，对弘扬中华优秀传统文化、拓展传统工艺美术事业起到了积极的推动作用。

中国工艺美术馆馆藏包含有新中国成立以来各时期、各门类的传统工艺美术优秀作品，是宣传我国优秀民族文化的重要窗口，也是展示我国传统工艺美术珍品的最高艺术殿堂。2011年4月，在国家领导人关心、原文化部领导重视下，中国工艺美术馆的新馆择地扩建工程开始启动，新馆选址在北京奥林匹克中心区，南邻“鸟巢”，北邻中国科技馆，建筑面积约90000平方米，展馆设有中国当代工艺美术和国家非物质文化遗产展示两大部分。相信在新馆建成之后，中国工艺美术馆将成为北京地区传统工艺美术展示的最为重要的场所之一，将会为我国传统工艺美术保护与传承贡献更大的力量。

纵观中国传统工艺美术史，艺术作品得以流传并成为经典的过程，是由各种复杂因素共同作用的结果。但其中，作品本身所蕴含的艺术观念、丰沛的艺术情感、高超的艺术技巧、独特的艺术风格以及综合以上方面所彰显的艺术面貌等都是重要因素。2018年8月18日，“弘扬经典·铸造辉煌——2018·中国当代工艺美术双年展”在中国国家博物馆开幕，该展览被视为全国传统工艺美术行业层次最高、规模最大、影响最广的展览，遴选了全国各地国家级、省级工艺美术大师，国家级、省级非遗项目代表性传承人，优秀中青年工艺美术创作者以及院校工艺美术创作人员的1000余件优秀作品，其中许多作品被称为当世经典。涵盖陶瓷、漆器、织绣、家具、雕刻、金工等众多门类，分为8个展厅，展出面积近10000平方米。这些传统工艺美术作品技艺精湛、格调高雅，且富有时代特色和创新精神，代表了当代中国传统工艺美术创作的最高水平和最新成就[11]。每一个伟大时代，必然会产生自己的经典，但是每一个时代的经典必然是整个民族文化链条的合乎逻辑的接续，必然是民族文化河流奔腾前进的一个阶段。新经典产生的必要条件之一就是反复咀嚼、沉醉和消化历史经典。对传统工艺美术来说，同样如此。除了展览，同期还举办了传统工艺美术学术研讨会，相关学者就传统工艺美术保护与传承中的诸多问题进行了讨论，并邀请部分传统工艺美术创作者到展览现场与参观观众进行交流，拉近传统工艺美术与社会大众的距离。事实上，2012年的第一届、2014年的第二届、2016年的第三届“中国当代工艺美术双年展”也是中国国家博物馆举办的，是国家级、公益型、制度性的展览，历届展览不仅全面展示了我国传统工艺美术行业的发展现状，还指明了我国传统工艺美术行业的前进方向，并以此提升我国传统工艺美术行业的整体水平。

北京有800多年的建都史，一直以来都是整个中国的政治和文化中心，特殊的地域优势使得北京从元代开始便能聚拢起整个国家的能工巧匠为宫廷效力。来自全国各地的工艺美术匠人和技艺汇聚到京城，逐渐融合发展出独具宫廷审美特征的“京作”工艺，直至清代达到中国传统工艺美术的巅峰。其中，被称为“燕京八绝”的景泰蓝、雕漆、玉雕、牙雕、金漆镶嵌、花丝镶嵌、京绣、宫毯更是“京作”之翘楚，到2014年8项工艺全部入选国家级非物质文化遗产名录。2016年8月9日首都博物馆举办《匠心筑梦烁古今——燕京八绝》展，共展出8项传统工艺美术作品276件套，既有晚清民国时期的文物，也有当代匠人的新作。在展览开幕式上，主办方还邀请了“燕京八绝”大师和匠人们在现场展示和讲解细腻精湛的创作技艺[12]。在展厅里，也设有技艺展示区，配合多媒体等互动形式，不定期展示不同品种的制作工艺。此外，展览期间还举办了丰富多彩的社教活动，让观众近距离接触和体验“八绝”文化。这一展览让观众跟随时光的脚步，走进“燕京八绝”的世界里，充分体会传统工艺美术的高超技艺和高雅审美。

背扇又称“背儿带”，是西南少数民族妇女背负孩童的专用工具，因为有母爱的倾注，背扇的制作十分考究，集合了织、绣、染、镶等多种工艺。2016年8月19日，中国美术馆展出了150余件背扇，来源自贵州、湖南、广西、云南4个省份20多个地区8个民族[13]，种类之丰富，做工之精美，不仅让观众尽享民族艺术的盛宴，也带领人们进入心灵深处去探寻曾经的母爱。

毋庸赘言，传统工艺美术的保护与传承需要依托于普遍的社会共识。但要做到这一点，仅仅靠静态收藏和坐而论道式的研究是远远不够的，它更需要动员更多的社会成员，尤其是年轻一代投入到传统工艺美术保护与传承的日常活动中来，在身体力行中逐渐培养尊重传统文化、呵护珍贵文化遗产的意识[14]。上述这些展览、展示活动，对于推动传统工艺美术更好地融入当代社会，丰富、滋养当代人的精神生活，促进人民群众共享文化发展成果，协调经济社会发展具有积极作用。更为重要的是，伴随着多种形式的展示与宣传，可以引起全社会对传统工艺美术的重视，为传统工艺美术的保护与传承创造健康的环境。

三、对传统工艺美术的研发与营销

传统工艺美术的产业化与普通民众的生活有着紧密的联系，其手工制作的过程蕴含深厚的文化内涵，而其商品形态则凝聚着可观的物质收益。我们对于传统工艺美术的保护与传承，最根本的是对其手工技艺的留存和发展，同时又能创造一定的经济价值。2006 年 9 月 13 日颁布的《国家“十一五”时期文化发展规划纲要》中，“工艺美术”就被归类为“文化创意产业”[15]，对其开发不仅能够促进国民经济的发展，也能实现自身行业的恢复和振兴。2016 年 5 月 11 日，原文化部等 4 机构共同发布了《关于推动文化文物单位文化创意产品开发的若干意见》，明确博物馆要盘活馆藏资源，大力开发文创产品，为优秀传统文化的弘扬、经济的稳定增长、消费的提升做贡献[16]。博物馆自身拥有独特的文化资源，在开发文化创意产品上具有其他机构无法比拟的便利，因此博物馆不仅是传统工艺美术收藏与研究、展示与宣传的平台，同时也是其产业创新与发展的平台。

传统工艺美术的生产地比较分散，且产品销售场所一般就在生产地周边，很难吸引更多的人购买，这也成为传统工艺美术行业发展的一大制约因素[17]。北京地区的博物馆可以利用自身的开放空间，设置传统工艺美术购买体验区，建立传统工艺美术大师作品的销售平台，从而打造成为传统工艺美术与社会大众之间的桥梁。当然，博物馆也可以利用自身的文物资源和专业人才，参与传统工艺美术的研发、设计，并与生产和销售对接，在博物馆里为众多传统工艺美术品种提供一个生存和发展的场所。北京工艺美术博物馆曾借助北京奥运会的商机，提升传统工艺美术的研发、设计能力，实现经济效益和社会效益的双丰收。通过开发体现民族特色和时代气息的工艺礼品，体现北京人文特色，扩大北京传统工艺美术在世界上的知名度。其在奥林匹克公园主馆设有珍精礼品销售部，提供工艺礼品研制与来料加工业务，销售藏品复制品等工艺品，常年承接国内国外各种展销活动；德胜门分馆设有书画装裱业务，专营文房四宝；CBD 分馆内设民间工艺礼品销售部。

在对传统工艺美术产品进行研发与营销时，博物馆能够充分发挥其“最后一个展厅”的巨大能量，不仅能够促进优秀传统文化的推广，吸引更多的观众（尤其是年轻观众）亲近传统工艺美术，也能促成传统工艺美术相关产品销售额的增长，更好地实现经济价值。作为发展博物馆文创产业的主要途径，博物馆文创部门是博物馆不可分割的一部分，它以商品生产和销售方式协助博物馆达成其对传统工艺美术生产性保护的目标。中国国家博物馆的经营与开发部是为适应国家大力发展文创产业、弘扬民族优秀文化的宏观发展战略而组建的职能部门。其生产和销售的传统工艺美术产品，既有精绝的制作技艺，又具有深厚的文化内蕴，同时还保留了其原有的历史信息、地方风格，因此备受消费者喜爱和市场认可。该部门还在 2012 年“第七届中国北京国际文化创意产业博览会”中喜获“最佳展示奖”和“文博创意产业促进奖”两项大奖。

故宫博物院在传统工艺美术产品的研发与营销方面，绝对是国内博物馆界的楷模，依靠一系列新的发展理念和发展举措，早已形成百姓喜闻乐见的故宫文创品牌。截至目前，故宫博物院研发的拥有自主知识产权的文创产品有 1 万余种，年销售额超过 10 亿元，其中属于传统工艺美术类的占很大比例。2018 年 3 月 25 日，全国首个故宫文创研发交流中心落户山西平遥并正式挂牌运营，故宫博物院和平遥县人民政府将通过资源整合、优势互补，共同把研发交流中心打造成为国家级和省级重点项目，将平遥打造成为全国文创产业的“新高地”[18]。在这一过程中，双方会深化文化创意产品研发、营销等多方面的交流与合作，必将大力推动平遥县乃至山西省传统工艺美术活起来。

恭王府博物馆作为国内现存最大、保存最完整的王府，年接待游客320万人次，是首都著名景点之一。2017年10月13日，恭王府博物馆驻山西忻州（静乐）传统工艺工作站成立，成为原文化部支持下在全国设立的第8个传统工艺工作站[19]。该工作站的成立，是恭王府博物馆精准发力，以传统工艺振兴为核心、以扶贫攻坚为方向、以人才培养为先行，力求实现传统工艺的最高水准与深厚的中华传统文化、丰富的当代生活实践三者的有机融合。恭王府博物馆会积极推动及协调相关高校、科研、设计机构人员进入工作站工作，并邀请更多的学者、设计师在忻州（静乐）传统工艺工作站进行接力，在手工艺研发、成果孵化、市场推广等方面的发挥积极作用。恭王府博物馆还在馆内常设了展销专柜，利用自身的旺盛人气，将静乐传统工艺美术产品推向市场。而2017年10月23日成立的“中国工艺美术学会传统工艺协同创新中心”，也致力于理论研究与开发应用相结合，推动我国传统工艺美术各专业门类科技创新和成果转化。

在市场经济背景之下，我们强调传统工艺美术的经济价值，重视其产品的商品性质，但从优秀传统文化保护与传承角度来说，我们绝对不能被经济利益所左右，否则就是本末倒置。不可否认，光靠行业自身力量很难实现传统工艺美术的可持续性发展，一些急功近利的措施甚至会导致传统工艺美术的加速消亡[20]。博物馆的传统工艺美术研发与销售的措施优于一般企业和单位，其设计或生产的每件传统工艺美术作品都是经过专业人员的仔细研究，然后由传统工艺美术大师或匠人亲自操作，以确保每件作品都最大可能保持传统工艺美术的艺术品位。再者，博物馆依靠自身的空间和观众资源建立起的传统工艺美术销售场所和渠道，也是一般企业和单位不能相比的。

对于那些适合生产性保护的传统工艺美术门类，博物馆不妨注入一些新鲜的血液，使其适应当代大众的文化需求，同时也创造新的经济增长点，成为经济发展的新引擎，这是对传统工艺美术更长远的保护与传承[21]。北京地区的博物馆利用自身优势资源，将传统工艺美术纳入自己的工作体系，为传统工艺美术的保护与传承探索新路，为赓续中华民族优秀传统文化做出了积极的贡献。

参考文献

［1］国务院:《传统工艺美术保护条例》，1997 年 5 月 20 日颁布。所称“传统工艺美术”，“是指百年以上，历史悠久，技艺精湛，世代相传，有完整的工艺流程，采用天然原材料制作，具有鲜明的民族风格和地方特色，在国内外享有声誉的手工艺品种和技艺”。

［2］北京市统计局、国家统计局北京调查总队:《北京市 2017 年国民经济和社会发展统计公报》，2018 年 2 月 27 日发布。

［3］国务院:《传统工艺美术保护条例》，1997 年 5 月 20 日颁布。

［4］国家文物局:《近现代文物征集参考范围》，2003 年 5 月 13 日发布。

［5］张辉、于欣、李颖、申文广:《立足传承传统文化、创新发展现代文明——北京工美集团发挥传统文化优势助推精神文明创建活动》，《北京日报》2016 年 8 月 19 日。

［6］国务院:《传统工艺美术保护条例》，1997 年 5 月 20 日颁布。原文为:“国家征集、收购的珍品由中国工艺美术馆或者省、自治区、直辖市工艺美术馆、博物馆珍藏。”

［7］王伟:《中国美术馆的民间玩具收藏》，《中国美术馆》2012 年第 7 期。

［8］相关资料来源于恭王府博物馆官网，原标题为《中国工艺美术学会与恭王府博物馆共建“传统工艺协同创新中心”》。

［9］陆琼:《博物馆与传承和保护传统手工艺》，《中国博物馆》2003 年第 1 期。

［10］龚智鸿:《创新中发展　发展中保护——北京传统工艺美术的现状与未来》，《北京观察》2007 年第 11 期。

［11］高素娜:《瞩望经典的力量》，《中国文化报》2018 年 8 月 26 日。

［12］冯朝晖、张俊梅:《匠心筑梦烁古今》，《中国文物报》2016 年 8 月

16 日。

[13]《中国美术馆展出西南少数民族背扇精品》,《美术教育研究》2016 年第 17 期。

[14] 吴明娣:《20 世纪北京传统工艺美术保护的得与失》,《装饰》2013 年第 8 期。

[15] 中共中央办公厅、国务院办公厅:《国家“十一五”时期文化发展规划纲要》, 2006 年 9 月 13 日颁布。

[16] 文化部、国家发展改革委、财政部、国家文物局:《关于推动文化文物单位文化创意产品开发的若干意见》, 2016 年 5 月 11 日发布。

[17] 邱春林:《工艺美术保护与发展中的文化矛盾》,《文艺研究》2006 年第 12 期。

[18] 周亚军:《故宫文创研发交流中心落户平遥》,《人民日报》2018 年 3 月 27 日。

[19] 相关资料来源于恭王府博物馆官网,原标题为:《文化部恭王府博物馆驻山西忻州(静乐)传统工艺工作站成立》。

[20] 徐艺乙、董静:《中国工艺美术的传承发展状况分析报告》,《南京艺术学院学报(美术与设计版)》2009 年第 5 期。

[21] 李砚祖:《传统工艺美术的再发现》,《美术观察》2007 年第 7 期。

新博物馆文物保管员的一天

中央礼品文物管理中心　杨明刚

这是新时代博物馆文物保管员的一天。

1985年，正值改革开放初期，《中国博物馆》杂志刊发了原南京博物院副院长宋伯胤先生的《博物馆文物保管员的一天》，作为一位资深的博物馆工作者，宋伯胤先生以叙事的方式，为大家完整展示了当年博物馆文物保管员的“幕后工作”。今天，随着我国改革开放进程的不断深入，新的理念、技术、手段不断深刻影响和改变着博物馆工作的方方面面，对比三十三年前，博物馆文物保管员的“幕后工作”已焕然一新。新时代的文物保管员传承老一辈的精神，在文物保管的岗位上接续工作，为文物事业的繁荣发展贡献着力量。

博物馆正常开放前半小时，文物保管员就已经全部到岗工作，这是他们几十年来一以贯之的精神传承。他们总是生怕因为自己的晚到，致使库房中的藏品无法正常提取，影响到博物馆的正常运转，这种习惯，已经成为他们工作中的一种责任、情怀。

刚到办公室，他们就脱下佩戴的手表、戒指等饰品，以防在工作中划伤文物，紧接着换上工作服，准备进入库房，开始一天的工作。

库房，存放着国家的珍贵文化财富，安全至关重要，今天，满足博物馆建设规范的现代化库房已成为各大博物馆的标配。四周的环廊确保库房与其他博物馆空间相对独立，坚固的大门，把守着库房的唯一出入口，它与银行金库大门使用同样的设备，完全可以抵抗火灾、水患等安全隐患，保障文物的存放安全。机械钥匙验证、密码验证、掌纹验证，现代化的安防系统在对入库人员身份三重核验无误后开启，文物保管员依次登记进入，通过风淋门，领取各自库房钥匙。智能钥匙管理系统柜内，库房钥匙被集中存放，保管员通过个人身份磁卡，可领取所管理库房的钥匙，现代化的技术虽然已经实现了对出入库人员的自动识别和记录，但博物馆库房出入登记，双人入库的规矩始终未变，这是文物保管员几十年来总结的经验，是确保文物安全的红线。

技术的进步，确保文物更加安全。今天的文物保管员，已经不用担心因库房内温湿度的不断变化而对文物产生危害，通过中央空调的统一调控，库区内已经实现了恒温恒湿，珍贵的文物可常年保存在温度 20 摄氏度，相对湿度 50% 的稳定环境中，就连库区内部的运输通道，也是这样的环境。恒温恒湿条件的实现，使得库房文物可以完全按照材质分类存放，为不同材质的文物提供最为适宜的保存环境。对于保存有木器、丝织品等对温湿度有特殊要求文物的库房，也可以通过送风送水量的控制，满足其长久保存所需最适宜温湿度需求。每一个库房中都配置有若干个温湿度监测仪，能够随时对温湿度信息进行记录，并传输到设备控制机房，稍有变动，就可以通过对送风量和送水量的增减，实现库房内环境的动态稳定，省去了文物保管员每日对库房温湿度的辛勤记录和分析。气体灭火系统取代了传统的水喷淋系统，视频监控、红外探测、烟感探测等现代化的安消防设备一应俱全，确保文物不受一丝一毫的损害。

技术的进步，也使文物管理员的工作更加便捷。来到所管理的库房门前，文物管理员完成身份磁卡验证后，智慧管理系统引导电磁门自动卸电，安全防护系统自动撤防，LED 照明自动开启，原本黑暗静谧的库房转变为文物保管员的工作场所。库房内部，金属柜架加亚麻布面樟木隔板的搭配组合已经成为如今库房文物柜架的主流选择，在继续选择使用天然樟木驱杀虫害的同时，也避免了传统投放樟脑块对文物和保管员的影响。在库房中使用电脑登录文物信息管理系统，文物保管员一天的工作任务一目了然。系统中，文物管理员可看到由自己提出申请，需要其他部门帮助解决事项的处理进度和情况，也可看到其他部门等待自己办理的事项申请。

文物管理员在上周五例行巡库检查时，发现一件皮革质地文物疑似出现霉斑，当即取出单独放置，并通过信息系统向文物科技保护部门提出了维护申请。信息系统中显示，该项申请事项，文物科技保护部门已经根据照片情况制定了初步处置方案，待分管馆领导同意后，即可调出维护。系统中，还显示有两项待办事项，一项是本馆展陈部门提借上展文物的申请，一项是征求文物管理员对外省市兄弟博物馆复制文物申请的处理意见。习近平总书记做出的“中国各类博物馆不仅是中国历史的保存者和记录者，也是当代中国人民为实现中华民族伟大复兴的中国梦而奋斗的见证者和参与者”的重要指示，让所有博物馆人热血沸腾，展览部的同志们也是卯足了劲，充分挖掘本馆藏品资源，积极创新展陈思路，策划满足新时代人民群众文化需求的展览。今天要提借上展的三件文物，就是从馆藏资源中新研究挖掘出的，这个展览，后天就要开幕了，现在正是文物上展的紧张阶段，可不能耽误了展览的如期开幕。在文物信息管理系统中输入三件提借文物的编号进行查询，包括方位信息在内的文物详细信息就立刻在屏幕上显现，真是方便了文物保管员在柜架上准确找出提借文物。文物保管员按照方位，小心翼翼地从柜架中将三件文物取出，等待与展览部的同志们进行点交。稍后，展览部的同志就到了，他们认真仔细地查看文物现状，详细记录，完毕后，按照传统流程，双方需要手工填写包含文物详细信息的点交单。Rfid（电子标签）技术的采用，方便了藏品的点交，只见文物保管员拿出 Rfid 扫码仪器，“嘀、嘀、嘀”三声，文物点交单已经在信息系统中自动生成，以往需要耗时费力填写的点交清单，现在一分钟不到就即刻生成，双方签字确认后，上展文物的交接工作宣告完成。“你们一定要轻拿轻放，不要损伤到文物”，目送展览部的同志推走文物时，文物保管员仍然不放心地叮嘱一句，看着自己整天用心看护的“孩子”被人带走，心里满是牵挂和不舍。

展览部的同志安全顺利离去后，文物保管员才安心回到电脑前，在信息系统中，对此项工作点击“已完成”，三件上展文物的状态自动由“在库”变为“提借上展”，信息化的管理系统，已经能够自动记录每件文物的研究利用情况。完成电脑前的工作后，文物保管员又转身来到一旁的文物卡片柜，对照着文物编号，从中找出三件文物的卡片，用铅笔在利用情况中写下今天的日期和上展名称后，放入提借文物一栏中。不论技术如何进步，文物保管员一直坚守着保管工作的优良作风，每件文物的信息都是有账可查，每件文物的研究利用信息都是清清楚楚。

文物管理员接着处理第二项待办业务，这是从馆办转来的一份兄弟博物馆请求协助复制一件改革开放重要文物的工作函件。2013 年至 2015 年，国家文物局组织开展了第一次全国可移动文物普查，通过全馆同志的集体努力，摸清了馆藏的家底。普查工作的重要成果，馆藏文物基本信息也逐步在网上公开，以往藏在库房深闺中的文物资源，正逐渐开始被大家研究和利用，各地博物馆借展复制的申请逐渐增多，文物资源真正“活起来”了。今天提出申请的这家兄弟博物馆，就是在网上公布的信息中看到了这件重要文物，为配合他们准备举办的纪念改革开放四十周年成就展提出了复制申请。按照对方提供的文物基本信息，文物保管员轻轻松松地就在文物信息系统中查询到了这件文物的具体信息。这可真是一件重要文物，它见证我国改革开放的关键历程，可以称得上是一件具有国家记忆的重要文物。信息系统中的征集档案还显示，征集部的同志在征集这件重要文物的时候，就已经预见到了这件文物的重要性，提前请科技保护部的同志做了 3 件复制件。文物保管员赶紧编辑“同意，可提供现成复制品”的办理意见，通过文物信息系统提交反馈给馆办。一想到自己管理的文物将要在全国各地发挥出教育作用，文物保管员心里不由得感到骄傲和自豪。现在的文物信息系统，不再是一个封闭的信息孤岛，它已经成为整个智慧博物馆系统的重要组成部分。全馆的研究、工作人员，都能够通过文物信息系统查询馆藏文物信息、开展业务工作，同时还可以通过文物信息系统将自己的研究成果和工作建议与同事分享和交流，促进了博物馆学术研究和业务运转，日渐成为大家工作的重要帮手。

忙完文物信息管理系统中提示的今日任务，文物管理员终于可以投入自己的研究工作。虽然文物信息的公开已经使大家都能对文物进行研究，但文物保管员能够接触文物实物的工作优势依然未变，他们有责任，有义务研究好自己保管的每一件文物，向社会公众讲述文物背后的精彩故事。通过这段时间的深入研究，文物保管员已经对库房中的外销瓷器数量、类型、特点等有了比较系统的了解，在晚上馆里组织的青年同志读书会上，可以就今天“一带一路”文化交流的主题，和展览部的同志共同探讨一下举办专题临展可行性。想到这里，文物保管员急忙抓紧时间，认真梳理自己的研究体会，兴冲冲地准备到读书班去和大家来一场知识的头脑风暴。

铃铃铃，下班的铃声响了，文物保管员一如既往地认真填写库房工作日志，巡视检查每个角落，确认无异后，锁闭库房，归还钥匙，在出入登记表上签出，完成一天平凡的工作。

改革开放以来，中国博物馆事业发生了翻天覆地的变化，但博物馆人的初心和精神传承始终未曾改变。正是有无数文物保管员这样的文博人在平凡的岗位上几十年如一日的默默奉献，才为我国博物馆事业的繁荣发展奠定了坚实的基础。正如微博网友女人茶在评论宋伯胤先生的《博物馆文物保管员的一天》时所说“（今日的文物保管员）有部分日程工作已有更严密精准的仪器设备协助完成，有些保密约定已与时俱进地变为了主动公开分享，有些细节操作因新技术参与而省略弱化，有些新职责已注入藏品管理之中，如提出对征集计划的建议规划或为下一策展周期提供可考虑藏品名单。不变的是藏品管理员那份以寸时守光阴的爱惜之心”。谨以此文记录改革开放四十周年来博物馆保管工作所发生的日新月异的变化，并向一直以来默默耕耘的博物馆前辈们致以崇高的敬意。

纪念改革开放四十周年
——谈中国园林博物馆开放式文物库房管理工作

中国园林博物馆　李　明

摘　要： 博物馆文物库房是保藏文物的重要场所，是国家文化遗产、文化财产的保护重地，同时也是博物馆在公众认知中最为神秘的地方。随着时代的发展，博物馆的馆藏文物库房资源创新利用与社会功能开始显现，南京博物院于2014年5月18日对观众开放库房已有先例。在国家提出要让博物馆保藏文物“活起来”的大背景下，中国园林博物馆也于2017年对公众开放文物库房，从“如何开放”的角度围绕园博馆在开放式文物库房管理中的管理保障、安全保障、人员保障和技术保障等先行必备条件展开探讨，在开放式文物库房管理工作中的亮点进行分析和总结，使更多的文物资源和管理模式“活起来”，为改革开放四十周年来的博物馆记忆增砖添瓦。

关键词： 开放式；文物库房管理；管理模式；活起来

引言

在改革开放的这四十年中，国内博物馆让文物“活起来”所举办展览层出不穷，首都博物馆“海昏侯”“妇好墓”“近二十年考古成果展”吸引中外观众，络绎不绝。但在博物馆文物库房对外接待观众的例子还鲜为人知，唯南京博物院在2014年“国际博物馆日”将库房“心脏”首次展现在观众面前。将文物库房适度呈现于观众面前已成为改革开放以来博物馆未来发展的趋势与势在必行的责任，中国园林博物馆作为新时代诞生的园林行业的国家级博物馆，通过传统博物馆库房保管经验与新建博物馆“大数据”信息时代的自身优势相结合，形成园博馆取其精华的文物库房并适度开放的藏品管理新模式。

一、开放式文物库房在博物馆实践的意义

开放库房的做法在博物馆其实一直都有，但开放主要针对专业研究人员，藏品以库房保管状态开架展示给研究人员。将库房从幕后移到台前进行公开展示的做法在西方博物馆出现的较早，如英国巴斯的时装博物馆专门举办了“幕后”展览，刻意模糊了传统博物馆中展厅展品和库房藏品之间的概念。2014年南京博物院在“国际博物馆日”将库房和展厅相结合展现在观众面前，让人少知的神秘库房展示在大众面前令人耳目一新。2017年7月园博馆首次进行开放式藏品库房实践，揭开园博馆藏品库房的神秘面纱，将理论知识—藏品观摩—藏品体验—科普活动相结合融入中小学的课程系统中，极大延伸了园博馆的藏品展示和利用意义，藏品库房从幕后到台前，使藏品从幕后火起来。园博馆把藏品的利用放在首位，从原有的以藏为主转向以用为主，藏用兼顾，实行积极的开放型管理，建立多样、开放、灵活的工作方法和服务形式，建立适合藏品开放的管理制度、管理手段和技术研究，采用现代化技术手段，简化开放手续，扩大藏品的开放范围，变单一的藏品服务为多层次综合性的服务系统，最大限度地发挥藏品的作用，获取最佳社会效益，便捷地为公众服务。（图1）

二、园博馆开放式文物库房的必备条件

众所周知，将文物库房面向非专业人员开放具有相当高的风险性，

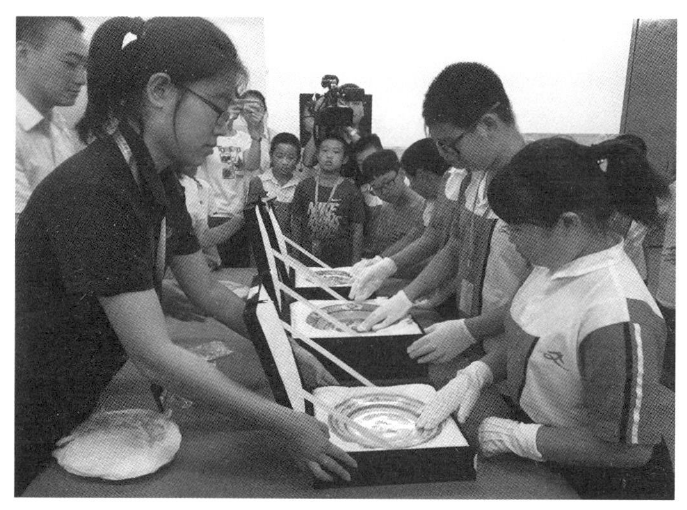

图 1 开放式文物库房实践

不可确定的因素和文物安全风险点较多。园博馆通过开放式文物库房的展示和宣教活动等实践，总结出开放式文物库房的必备条件。

（一）观摩审批与进库程序的管理保障

为了使观众能直观亲历到库房内的珍贵文物与库房陈列，了解到文物的幕后故事，保证开放式展示库房活动的安全，园博馆制定提前预约进库参观制度，利用北京市社会大课堂博物馆教育资源单位中小学课堂的优势，将藏品库房的展示和利用向北京市丰台区小学生这一特定人群开放，选取安全性高、展示性强、教育意义丰富的藏品库房开放，在专业安全保障和技术保障的基础上开放，在藏品知识课堂和观摩互动、课下答题、科普互动的基础上开放。在库房开放的前 10 个工作日园博馆确定观众人数与观众来源，进行“外单位人员进库”的审批程序。对进库人员的严格把控和观摩审批程序是开放式文物库房的必备条件。

（二）排查内、外盗隐患的安全保障

园博馆开放式文物库房的必备条件之一是离不开排查内、外盗隐患的安全保障。园博馆文物库房实行保管员双岗制规范出入库管理，库房门沿用较为复杂的锁具。所有人员从库房入口进入库区需要通过多道门的防护，并且在门开启的每个环节均设有 24 小时监控摄像头、红外双监探测器、库区管理系统等防止外盗与内盗的环节点。在开放式文物库房实践期间，安全保卫部等部门必须做到最高风险等级和防护等级，加强库房巡逻和值守，做好检查与登记等工作。开放式文物库房活动人群进入库区就都进入了库区监控体系，人员必须遵守园博馆安全保障规章制度，防止任何有损文物的事情发生。

（三）特定人群的人员保障

园博馆文物库房从幕后走到人们的大众视野中，将选择特定人群作为一项重要的人员保障。在如今的大数据时代下，园博馆通过数据资源库内容分析，对曾经参加园博馆科普活动、有意向了解中国园林发展史、对博物馆文物库房感兴趣等数据分析，开放式展示库房实践的人群选定为北京市社会大课堂博物馆教育资源单位中小学课堂的师生们。中小学课堂的师生们以学校为单位参加开放式展示库房互动人群比较稳定，文物风险可控。（图 2）

图 2　丰台区中小学的师生们

（四）基础设施的技术保障

园博馆的文物库房是 2013 年投入使用的新建库房，具有现代化库房的保存条件。无论是安防设施、消防设施、温湿度环境、无线网络，还是专业文物柜架等具备现代化库房及文物保护标准。完备完善的基础设施和专业的保存环境是开放式展示库房的重要技术保障。开放式展示库房的区域选定为安全性高、展示性强、信息量大的砖瓦类文物库房，这一库房能够将大量画像砖、铭文砖等文物直观展示，满足开放式展示库房的需求。（图 3）

图 3　开放式展示库房

三、园博馆开放式文物库房的工作亮点

园博馆开放式文物库房实践在国家改革开放四十年以来响应号召、是加大文物的利用和展示大好形势下“让文物活起来”的一项文物库房资源创新利用的开创性工作，同时，在开放式文物库房的实践过程中也带动了更多的资源“活起来”。

（一）藏品展示方式“活起来”

园博馆打破了传统的仅限展厅展示的模式，建立了基于藏品观摩与藏品展示基础上的展示新方式，利用北京市社会大课堂博物馆教育资源单位中小学课堂的优势，将藏品库房的展示和利用向北京市丰台区小学生进行开放，选取安全性高、展示性强、教育意义丰富的藏品库房开放，在专业安全保障和技术保障的基础上开放，在藏品知识课堂和观摩互动、课下答题、科普互动的基础上开放，反响良好。开放式藏品库房的展示方式不同于普通的展示方式，神秘感强，吸引力强，直观性强，是藏品活起来的另一种展示方式。

（二）保管员专业技能“活起来”

将保管员最熟悉的家——藏品库房向社会教育大课堂开放的过程中，保管员的专业技能可以得到充分发挥。藏品保管员最了解和熟知藏品，是最好的藏品讲解员，也是最好的藏品科普老师，在开放式展示库房活动中无论是课堂教育环节还是观摩过程及藏品体验等内容的设定都可以充分发挥保管员的主观能动性，集保管员的专业技能与热情于一体，集专业内容与科普活动于一体，集专业性与趣味性于一体，真正将“文物活起来”的理念发挥到极致。

（三）藏品管理模式“活起来”

在园博馆开放式展示库房内，文保柜架与文物藏品均标配具有藏品信息的二维码。藏品保管员通过 PC 端或移动端双平台二维码扫描功能即刻查找、快速定位，二维码标签的信息量远远大于传统藏品卡片，藏品管理与统计效率大幅提升，展藏文物安全系数得到加强。园博馆文物管理在制度健全、账目清楚、鉴定确切、编目详明、保管妥善、查验方便的基础上延伸出的大数据信息时代产物二维码，既能满足专业保管员在工作中的实际应用，又能满足开放式展示库房中人们对藏品知识的需求，形成了园博馆创新发展的藏品管理模式和适度开放的藏品展示与利用的新模式。

四、小结

国际博物馆协会曾对国际博物馆日主题进行阐释：博物馆的相关工作，例如公众教育以及展览策划，应当努力朝向“创建可持续发展社会”的角度开展探索和实践。而在改革开放的四十年中，作为博物馆工作者，我们必须全力以赴，确保博物馆成为维护社会可持续发展的重要文化推动力。在 2015 年 3 月 20 日开始施行的《博物馆条例》中第二条规定：“博物馆，是指以教育、研究和欣赏为目的，收藏、保护并向公众展示人类活动和自然环境的见证物，经登记机关依法登记的非营利组织。”《博物馆条例》明确了将博物馆的教育功能列在第一位。园博馆开放展示库房的这一实践是在博物馆举办陈列展览、提供社会教育和服务的同时，利用博物馆开展教学与展示性库房结合、使“文物活起来”的又一举措，凸显了园林博物馆在园林文化的传播与展示、推动园林科学知识、推广园林生活方式的重要作用。

参考文献

[1] 黄洋:《从幕后到台前——让博物馆库房的文物“活”起来》,《中国文物报》2016 年 11 月 2 日。

[2] 贾晓伟:《浅谈文物库房保管工作的重要性》,《科学时代》2014 年第 4 期。

[3]《南京博物院首度开放文物库房》,《中国青年报》2014 年 5 月 20 日 09 版。

[4] 罗怀日:《试谈博物馆藏品管理工作的规范化》,《大众文艺》2012 年第 3 期。

从“曲高和寡”到“摆渡人”

——博物馆教育角色的变迁

北京艺术博物馆　孙秋霞

摘　要：“教育”一直都是博物馆发展的重要功能，但是在过去相当长的一段时间里，收藏和研究一直占据着博物馆工作的核心，以至于博物馆教育一直处于“曲高和寡”的尴尬处境。

随着教育民主化的发展，上世纪五六十年代就提出了社会化教育、终身教育的教育理念。我国著名的教育家、学者蔡元培先生在20世纪30年代就提出了“教育亦非全靠学校，如动物园……博物院、图书馆……都有教育的作用”。博物馆自2004年起对中小学生免费开放，继而2008年我国博物馆实行全面免费开放政策以来，博物馆教育和为公众服务逐渐转变成博物馆工作的重点与核心。2007年国际博协对博物馆定义修改后，教育排在了研究和收藏之前，反映出博物馆从内敛转为外向，更加强调博物馆对社会的责任，注重跨界、跨学科的协作关系。

自2008年以来博物馆免费开放后，博物馆工作的核心从“重物”转向“重人”，更注重服务的人性化与个性化，注重博物馆与观众的互动和交流，注重与现代高新技术、信息技术的应用，让博物馆从一个“说教者”转变成公众的“摆渡人”的角色。角色的转变并非一蹴而就，这是通过博物馆人在实践中探索，在理论中寻求支撑，逐渐树立起来的新角色。

关键词：博物馆教育；终身教育；信息技术；教育技术

博物馆是保存人类文化遗存和自然遗存的重要场所。在这里，人们通过历史见证物，可以隔空与历史对话，鸟瞰历史的风风雨雨，汲取其中的营养，继续推动历史进步和社会发展的车轮前进。从博物馆文化形态产生之初就有"教育"的作用，公元前三世纪的"缪斯神庙"被公认为是最早的博物馆，希腊大哲学家柏拉图、亚里士多德、毕德哥拉斯等人都曾在这里研究和讲学，他们的学说与观点影响至今。

但是在过去相当长的一段时间里，收藏和研究一直占据着博物馆工作的核心，博物馆人也自认为既然博物馆是教育机构，常常强调自身的学术性和专业性，因此推出的展览无法照顾到公众的需求和感受，以至于博物馆的展览一直处于"曲高和寡"的尴尬处境。

一、博物馆"教育"功能是社会发展演化的必然结果

博物馆最早可以追溯到公元前 3 世纪的埃及亚历山大城成立的缪斯神庙。这里设有图书馆，并收藏珍贵的文物，被公认为是人类历史上最早的"博物馆"。而博物馆一词，也是由希腊文的"缪斯"一词演变而来。亚里士多德就曾利用缪斯神庙里的这些文化遗产进行研究和教学。在苏东海先生的《博物馆演变史纲》一文中提到："博物馆现象一出现就和某种文化现象的崇高价值观联系着的。把博物馆视为文化的殿堂的观念一直延续到十几个世纪之后现代博物馆的诞生。"由此不难发现，博物馆自发展之初，就一直被视为藏品储藏室、研究和知识传播之地。传说在洗澡时发现了浮力定律的著名物理学家阿基米德以及著名数学家欧几里得都是在缪斯神庙从事研究工作的，他们的研究成果到了今天成为每个学生必修的知识。

随后的博物馆发展主要以教会、贵族为主，珍藏于宫廷或城堡里，在古代中国虽然没有明确的博物馆存在，但自周代就有"天府掌祖庙之守藏"的记载，这种秘藏之风一直影响着中国的收藏家。像《集古录》《宣和博古图》《格古要论》等是对收藏文物研究的图书，但这些文物藏品都还局限于对少数"研究人员"提供了"教育"。早期的博物馆"教育"

功能一直掩盖在私欲、炫耀的层层幔帐之后。

文艺复兴和启蒙运动以后，民主思想开始深入人心，人们要求知识普及，十七、十八世纪博物馆才从王公贵族的个人收藏癖好走向了社会大众，当然这也是现代博物馆最重要的标志之一。这使得博物馆与社会公共关系终于从私人秘藏的封闭阶段发展为向社会公众开放阶段。十九世纪工业革命后，仅仅在学校接受教育已经不能满足公众学习的需求，公众由此也把视线转向了社会教育机构，这也促使博物馆的发展进入了黄金阶段。此时，由于科学研究的进步，博物馆藏品分类更加科学，并将藏品进行有目的、有组织的展出，教育功能最终凸显出来，并很快被有识之士所认识。1880 年美国博物馆学者鲁金斯在《博物馆之功能》中就明确指出博物馆应成为一般人的教育场所的观点。

博物馆在十九世纪下半叶引入中国时就是“启民智”的重要措施，还被纳入了社会教育体系，博物馆的教育功能得到了高度重视。1905 年张謇在《上学部请设博览馆议》谈到博物馆教育职能：“然以少数之学校，授学有秩序，毕业有程限，其所养成之人才，岂能蔚为通儒，尊其绝学，盖有图书馆、博物院，以为学校之后盾。使承学之彦，有所参考，有所实验，得以综合古今，搜讨而研论之耳……”[①] 我国著名的教育家、学者蔡元培先生在《市民对于教育之义务》讲演时也提出了“教育亦并非全靠学校，如……动物园、植物园、博物院、图书馆……都有教育的作用”[②]。博物馆作为社会文化教育机构，在公共教育方面发挥独特的作用。1935 年中国博物馆协会成立时就明确地提出博物馆“静得方面可以为文化之保管人，社会教育之良导师”[③]。

博物馆一直被视为“文化的殿堂”且与“教育”渊源颇深，直到现代博物馆出现，博物馆教育功能才逐渐被学者们所重视，并且最早从博物馆学中独立出来，成为一门独立学科。

① 文化部文物局教育处、南开大学历史系编:《博物馆学参考资料》(上册)，1986 年，第 295 页。

② 高平叔编:《蔡元培全集》(第四卷)，中华书局，1984 年，第 300 页。

③ 徐玲:《博物馆与近代公共教育》,《博物馆研究》2014 年第 1 期，第 4 页。

二、博物馆教育角色从“重物”转为“重人”

博物馆教育功能随着社会发展进步的大环境而变得越来越突出。国际博物馆协会对博物馆的定义进行过多次修订，2007 年将定义修订为：“博物馆是一个为社会及其发展服务的、向公众开放的非营利性常设机构，为教育、研究、欣赏的目的征集、保护、研究、传播并展出人类及人类环境的物质及非物质遗产。”相比 2001 年国际博物馆协会对博物馆的定义，最大的变化就是将“教育”置于博物馆各项业务职能的首位，将教育作为“征集、保护、研究、传播、展出”等博物馆基本业务的共同目的，这也是进入二十一世纪博物馆发展的大势所趋。

（一）博物馆教育角色转变前，注重教育的主导地位

1683 年英国牛津大学阿什莫林艺术和考古博物馆、1759 年大英博物馆以及 1793 年卢浮宫相继对社会公众开放，不仅意味着公共博物馆时代的到来，也象征着博物馆教育正式走到了公众面前。但此对博物馆教育的认知还十分有限，博物馆对公众采取的是有条件开放，不仅需要观众提前申请，有时观众需要到博物馆好几次才能参观博物馆。

在我国，过去的几十年里，博物馆一直把“收藏”和“研究”作为工作的核心，把教育功能作为辅助功能存在。博物馆教育部门的设立相较于征集、保护或研究部门较晚。在《1912 年至 1966 年中国国家博物馆的社会教育工作》一文中提到：“原中国历史博物馆的前身是 1912 年 7 月 9 日成立的国立历史博物馆筹备处。从筹备起至 1950 年，未设立专门的社会教育部门和专职讲解员。……1951 年 5 月中国历史博物馆成立群众工作部（简称群工部）……”[①] 博物馆虽然被“大多数人都承认博物馆是教育中心和研究学术的场所，与学校图书馆以及研究机关同等

① 王京：《1912 年至 1966 年中国国家博物馆的社会教育工作》，《中国国家博物馆馆刊》2012 年第 9 期（总 110 期），第 144 页。

重要”[①]。但是博物馆人员及展览与公众仍然存在某种脱节，博物馆学者和批评家葆拉·芬德伦认为“……博物馆日益成为公众参与的机构，博学的专业人员竭尽全力试图划清他们与学识水平不高的观众之间的界限，因为观众仅仅是对展品的好奇，但并没有深厚的知识涵养……”[②]其结果造成了博物馆在“教育”中处于主导地位，以“说教者”的姿态，单向的、线性的向公众输出知识，与博物馆观众之间缺乏沟通与交流。造成博物馆长期以来都处在高高的象牙塔里，虽然“阳春白雪”但“曲高和寡”。

（二）博物馆教育角色转变，从“解释知识”转变为“引导公众学习”

自二十世纪五六十年代起，由于“人本主义”思想的影响，博物馆教育吸收了“终身教育”“非正式教育”等教育理念，博物馆成为公众接受社会教育的重要文化机构。博物馆学者普遍认为知识的传播应该是双向的互动影响，甚至主张用“交流”一词来替代教育，因为他们认为“交流”更能反映现代博物馆教育的实质。我国博物馆学者认为“博物馆是通过为观众自我学习提供服务而实现教育目的的”，它包括了为广大观众提高思想品德和文化素养服务，为在校学生的校外教育服务，为成人终身教育服务，为科学研究服务，为旅游观光和文化休闲服务。

那种以高高在上的姿态，以一种藏品管理者的角度，向观众解释文物的基本含义的教育者的形象已经过时。博物馆专业人员需要引导观众自己发现、解释和认知，从而构建起个性知识体系。《博物馆学关键概念》中对博物馆教育是这样定义的：“博物馆教育是促进观众发展的价值、观念、知识与实践的总和”[③]。博物馆教育是文化认同的过程，它有

---

① 徐玲：《博物馆与近代公共教育》，《博物馆研究》2014 年第 1 期，第 5 页。

② [美]爱德华·P. 亚历山大、玛丽·亚历山大著，陈建明编，陈双双译，《博物馆变迁——博物馆历史与功能读本》，译林出版社，2014 年，第 84 页。

③ [法]安德烈·德瓦雷、方斯瓦·梅黑斯著，张婉真译，《博物馆学关键概念》，2010 年，第 25 页。

赖于一定的教学方法进行阐释，帮助观众发展与实现自我，并完成对新知识的掌握。

有学者认为博物馆的一切活动都是“阐释性的”，如展览、收藏或藏品拣选。这种阐释的目的不是教育，而是激发观众思考，从而实现博物馆与观众之间的沟通和交流。因此阐释的方法也绝不仅仅是解说或阅读说明牌，应该是利用所有的感知器官——听觉、视觉、触觉、嗅觉、味觉以及运动肌肉感觉，共同构筑在博物馆学习的过程。当然，处于不同历史时期的博物馆，其哲学思潮、教育理论和工作重点都有差异，但博物馆教育功能却是愈来愈突出，这也是博物馆走出象牙塔，贴近群众、贴近生活、贴近实际，顺应社会时代需求“推动社会及其发展”的积极姿态。

三、博物馆教育成为公众“摆渡人”的开启模式

博物馆学者自上世纪五六十年代开始探讨博物馆教育角色的转变，从“说教者”“布道者”的身份转变为“引导者”“摆渡人”，陪伴在观众的身边，帮助观众完成在博物馆学习，此时知识的流动是双向的。在当下的信息时代，公众除了需要社会教育、终身教育的场所外，还追求个性化教育。博物馆面对公众的要求各异的文化需求，正在探索、实践其“摆渡人”角色的开启模式。

（一）博物馆教育要坚持三贴近原则

“三贴近”原则明确写进了2015年颁布实施的《博物馆条例》中：“博物馆开展社会服务应当坚持为人民服务、为社会主义服务的方向和贴近实际、贴近生活、贴近群众的原则，丰富人民群众精神文化生活。”这实际上强调了博物馆要“以人为本”，围绕“学习者”为中心。

博物馆通过专题教育活动或展览进行的文化认同教育时，帮助观众特别是青少年观众把文物与当下联系起来以及在实际生活上的应用，引发其自主思考、激起兴趣，学习新知识。否则博物馆的教育活动就会受

到冷遇，达不到教育的预期效果。笔者就曾受到这样的“打击”，却也因此开始深刻反思。大约十年以前，来参观北京艺术博物馆的学生曾明确地表示：来博物馆就是为了在教室外头多玩儿一会儿，反正考试不考这个。

笔者认为，尽管二十世纪后半叶博物馆学者就开始关注博物馆业务重点应该从“重物”转为“重人”，但在博物馆教育实践过程中这种转变是缓慢的。博物馆专家仍然按照以前的既有习惯输出着博物馆知识。尽管博物馆专家还用惯性思维举办活动，但经过三贴近原则的检验，教育活动的活动形式或内容自然就会作出相应的调整，从而达到逐渐转变观念。在那之后北京艺术博物馆策划推出了“沟通历史与现实——纺织与丝绸”系列青少年科普活动，利用展板、模型、体验、多媒体播放等多种方法，介绍从蚕茧到真丝制品，从海、陆丝绸之路到纺织工具，反映出我国古代农桑科技发展进程。博物馆还仿制了一台立机子（织布机）用以体验纺织平纹布。让同学们体会古代纺织工人的辛勤和智慧，还了解了妈妈们为什么那么珍惜自己的真丝衣服。同学们手脚不协调地织布时说的“太难了”“太累了”，说到妈妈们对待真丝衣服的态度时的会心一笑，表明了在这个活动中青少年找到了某种共鸣，引起了他们的

图 1　纺织体验环节

“共情”和自主的思考。

（二）用现代教育理论指导博物馆教育实践

博物馆教育角色的转变有赖于对于现代教育理论的吸收与转化实践，在开展教育活动的方法和途径方面有所突破。

首先，博物馆教育受到杜威“教育即生活”“学校即社会”的影响。杜威认为，教育就是生活和经验改造，因此强调“在做中学”也就是知与行的统一。无论“纸上得来终觉浅，绝知此事要躬行”“行是知之始，知是行之成”，还是“知行合一”，这些国人经典教育理念与杜威的“在做中学”的教育主张相类似，以“学习者”为中心，通过实践学习知识，通过体验检验知识。

博物馆被称为立体的百科全书，最大的特色就是实物性、直观性，这为博物馆开展体验教育活动奠定了坚实的基础。体验教育始于行为体验终于内心体验，即通过参观展览、动手制作、听博物馆音乐会、VR体验……促进观众在认知、情感、态度、技能等方面的发展。这种内心体验其实是在行为体验的基础上所发生的内化和升华。通过体验式教育既能传播优秀传统文化、新知识，又能达成文化认同这个博物馆教育的终极目标。

北京艺术博物馆自2014年起推出《体验“非物质文化遗产”系列科普项目》，此教育项目以博物馆藏品为物质依托开发教育资源，活动形式包括：参观和讲座、体验制作、作品展示。活动以体验为主，激发青少年的兴趣和想象力，激发并展现其智能轮廓。完成的作品展示，可以增加青少年的成就感，树立自信心，帮助青少年构建健全人格。

其次，把多元智能理论运用于实践，促进青少年思维模式发展。哈佛大学的加德纳教授在《智能模式新视野》这本书中，提到人主要拥有八种智能，即语言智能、逻辑—数理智能、空间智能、运动智能、音乐智能、人际交往智能、内省智能、自然观察智能。每个人的差异性来自不同的优势智能组合。他把人类智能大体分为两个模式：激光模式和探照灯模式。“激光模式常见于艺术家、科学家、发明家等，这个模

图 2 体验“非物质文化遗产”之我的皮影戏活动，体验皮影表演

图 3 “绿色课堂”知识讲座

式让人能深入持续地聚焦于一个领域，并且在那个领域内不断进行更加深入的探究。而探照灯模式常见于政治家，商人等，它帮助人们纵览很多领域，检测那些领域中许多不同的要素，以确定没有一个角落被忽视，并试图将这些要素结合成一幅完整的画面。”[①] 博物馆教育活动往往是综合性的，在活动中往往可以发现青少年观众的优势智能和潜在智能，在加德纳教授看来智能是可以激发和培养的，通过智能轮廓培养和提高青少年的不同思维模

① [美]霍华德·加德纳著，沈致隆译，《多元智能新视野》，中国人民大学出版社，2008 年，第 40 页。

式。另外，在活动中青少年所表现出来的智能轮廓，可以帮助博物馆进行有针对性个性化教育，这有利于信息时代下公众对于个性化教育的文化需求。

博物馆可以更多尝试与创客教育（STEAM）结合，S 即科学（Science）、T 即技术（Technology）、E 即工程（Engineering）、A 即艺术（Art）、M 即数学（Mathematics），其核心特征是跨学科学习。博物馆与创客教育融合，可以培养和引导学生从更多视角认识和体验博物馆教育内容。创客教育源起于美国，美国的博物馆已经开始相关教育实践，像匹兹堡儿童博物馆、亚特兰大高级艺术博物馆等。我国博物馆与创客教育的结合与实践比较有限，主要以中国科学技术馆这样的科技类博物馆有更多的实践，博物馆教育也应该关注创客教育人才的培养。

（三）博物馆教育与教育技术应用

博物馆之所以被公认为是教育机构，因为其收藏了大量的人类活动和自然环境的见证物，保存了丰富的教育资源。一直以来博物馆展览（巡展）和讲解是博物馆开展教育的主要手段，但是随着社会进步，科技的发展，特别是信息技术、互联网的迅猛发展，促使博物馆也开始利用网络发展智慧博物馆，虚拟现实、多媒体视听等新科技丰富展览展示和开展教育的手段，这些都可以归于对教育技术的应用。

教育技术不是某种教学方法的应用，而是围绕着以“学习者”为中心，着重对学习资源的开发、应用和管理，强调用科学的系统方法来分析，整合教和学过程。《博物馆社会教育》一书中在“博物馆教育的主要形式”提到了“电化教育与网络”，提及了电子讲解装置、电视、多媒体、虚拟博物馆等教育技术的应用。

21 世纪互联网等信息技术的广泛应用，是社会进入信息时代，这冲击着传统学习模式：阅读、书写和计算，如阅读的文字从传统图书变为电子书，现在还有有声图书；人们从手写文字转为键盘输入、扫描输入甚至语音输入……总之信息化社会为社会教育、终身教育创造了便利条件。这是博物馆教育的机遇也是更高的挑战，利用教育技术增进与社会公众沟通交流，有利于传播知识。2016 年西汉南越王博物馆就将机器人请进博物馆为公众讲解，工作人员介绍它可以沿着展厅参观路线移动，还能调整身体的姿势和脸的朝向与观众互动。对观众提出的问题也能够迅速解答，提高了参观的趣味性和知识性。

图 4　西汉南越王博物馆机器人讲解（图片来自网络）

我国各大博物馆也都积极探索，各个博物馆不仅建立官方网站，在自媒体、移动终端建立微信、微博公众号，推送博物馆展览和博物馆教育活动的信息。故宫博物院先后开发了如《胤禛美人图》APP、《皇帝的一天》APP 等 8 款 APP，在社会上引起了轰动，吸粉无数。敦煌研究院以莫高窟第 254 窟壁画为蓝本，完成《舍身饲虎》和《降魔成道》两部动画影片，华丽地完成从壁画到动画的完美转变，引来网友一片叫好。最近敦煌研究院与游戏《王者荣耀》达成战略合作关系，这恐怕又要吸引更多的游戏玩家了。

博物馆教育角色的转变在免费开放的这十年中体现的十分明显。博物馆作为公共文化机构于 2008 年起向社会公众免费开放至今，大约每年新增博物馆数量在 230 座，目前全国拥有 4826 座博物馆，其中有近九成都是免费开放。在博物馆全面免费开放的这十年里，博物馆在传播中华优秀传统文化，成为公众社会教育场所和文化休闲场所做出了积极的努力与尝试。仅2016年就推出展览3万余个，举办专题教育活动约11万次，参观接待人数接近9亿人次。在《中国国家博物馆观众数据报告（2017年度）》中分析中国国家博物馆参观人数增长的原因时，提到一是“国家博物馆展览丰富多彩，引人关注”，一是“国家博物馆的社会教育广泛开展，受到众多家长们的欢迎。许多家长带着孩子前来参观，成为博物馆新的观众增长点”[①]。由此不难看出展览和教育活动是博物馆吸引公众的核心业务，同时说明博物馆教育从“主导者”到“摆渡人”的角色的转变，不仅仅是观念上的清晰，而且体现在工作的组织和流程上。

上海博物馆馆长陈燮君用人员比例的变化阐释了博物馆职能的改变，“最近几年，上海博物馆工作人员的组成正在发生变化，研究人员的比例下降，社会教育和服务人员的比例增加。这并不意味着我们不重视藏品的研究，而是我们更注重对参观者的人文关怀。”[②] 在《教育已经成为博物馆的核心功能》一文中提到：在惠特尼美国艺术博物馆教育部门的员工达40人，而策展、研究、收藏部门却不到20人。美国的许多博物馆为了保障“以观众为中心”，博物馆在策展的同时就将教育活动的策划融入其中。美国博物馆协会在2017年年会上还提出了“教育策展人”的概念。

总之，博物馆传承着优秀传统文化的历史根脉，只有“不忘历史才能开辟未来，善于继承才能善于创新。”博物馆教育成为现代博物馆事业的核心功能，它要求博物馆由内敛转为外放，注重跨界、跨学科的协作关系；强调了博物馆对社会的责任，真正做到“让优秀的传统文化传承有抓手、发展有路径”。

---

① 《中国国家博物馆观众数据报告（2017年度）》，《中国国家博物馆馆刊》2018年第3期，第160页。

② 徐璐明：《去博物馆开“主题派对”》，《文汇报》2010年11月9日。

参考书目

[1] 徐玲:《博物馆与近代公共教育》,《博物馆研究》2014 年 1 期(总 125 期)。

[2] 北京博物馆学会编写,《博物馆社会教育》,北京燕山出版社,2006 年。

[3] [美]爱德华·P. 亚历山大、玛丽·亚历山大著,陈建明编,陈双双译,《博物馆变迁——博物馆历史与功能读本》,译林出版社,2014 年。

[4] [美]霍华德·加德纳著,沈致隆译,《多元智能新视野》,中国人民大学出版社,2008 年。

[5] [法]安德烈·德瓦雷、方斯瓦·梅黑斯著,张婉真译,《博物馆学关键概念》,2010 年。

[6] 文化部文物局教育处、南开大学历史系编:《博物馆学参考资料》(上册),1986 年。

区域资源在校外教育中的应用

——以“夜探麋鹿苑”活动为例

北京麋鹿生态实验中心　张　楠　牛　刚

摘　要：“夜探麋鹿苑”是麋鹿苑的特色校外教育活动，是对苑内现有区域资源的一次探索、开发和应用。依托于麋鹿苑丰富的自然生态、历史文化和展览展示等资源，该活动在策划与开展过程中，秉持着充分利用各类区域资源，根据资源特性策划组织，资源利用形式多样化的理念，收到了良好的科普效果和社会效益。

关键词：麋鹿苑；博物馆；校外教育；湿地；区域资源

近年来，随着“馆校结合”理念的日益深化，各类博物馆已经成为开展青少年校外教育的重要主体之一。为了给青少年创造更多的学习机会，营造优良的学习环境，也为了以校外教育活动支持学校教学课程，博物馆有必要借助区域资源，不断提升自身的科普教育水平。下文中，以麋鹿苑“夜探麋鹿苑”活动为例，浅论区域资源在校外教育中的应用。

一、北京南海子麋鹿苑的概况

北京南海子麋鹿苑博物馆（简称麋鹿苑），又名北京麋鹿生态实验中心，是一所以麋鹿研究、湿地生物多样性保护为主旨的科研、科普性事业单位。它坐落于北京市大兴区鹿圈乡三海子，占地面积约55公顷，是一处湿地自然保护区、户外生态博物馆。自1985年成立至今，麋鹿苑在鹿类研究、湿地生态恢复、野生动物保护等方面取得了丰硕的成果。

作为北京市教委和大兴区教委选定的“学生社会大课堂活动”资源单位之一，麋鹿苑依托于自身的区域资源，常年致力于自然科学知识和生态文明理念的科普传播工作。其科普内容能够对生物、自然、历史、地理、体育、思想品德等校内课程起到辅助和支撑作用。现阶段，麋鹿苑年接待参观游客约30万人次，开展的青少年教育活动多种多样。

二、麋鹿苑的区域资源

麋鹿苑的区域资源主要分为自然生态资源、历史文化资源、展览展示资源三部分。

（一）自然生态资源

麋鹿苑的自然、地理条件十分优越。苑区距北京主城区约10公里，远离人口聚集区，夜晚几乎无人工采光，保留了自然野趣。苑内湿地总面积达33公顷，表流湿地形成的河流、湖泊使苑区的美感得到提升。苑内树木葱茏，绿草茵茵，四季景色迥异，气象变化万千，其自然景观具有很高的观赏价值。南海子地区的秋景“南囿秋风”，自明代起便是著名的燕京十景之一，数百年来深受百姓的喜爱。

麋鹿苑的生物多样性也十分丰富。目前苑内保护区中半散养有麋鹿近200头，苑中还饲养有梅花鹿、普氏野马、马鹿、獐等国家一、二级保护动物。在湿地中可观测到草兔、黄鼬等野生小型哺乳动物10余种，两栖、爬行类动物约8种；鱼类约20种；鸟类约130种；乡土植物近230种。

（二）历史文化资源

麋鹿苑的前身——南海子皇家猎苑，曾是辽、金、元、明、清五朝的皇家猎场，元、明、清三代的皇家园林，历经了一千多载春秋。南苑的兴衰往事、精湛的造园技艺、悠久的中国鹿文化、皇家的狩猎礼仪、苑中的奇闻旧事都为麋鹿苑校外教育活动提供了丰富的素材。据史料记载，仅明清两朝就先后有十余位帝王来到南海子巡幸、狩猎、阅武，留下近五百首诗篇。古今文人墨客以“南苑”“秋猎”“麋鹿”“打围”为题的诗词书画更是数不胜数。

近代，麋鹿在南海子地区科学发现、本土灭绝、重新引进的历史故事，赋予了麋鹿苑深厚的文化底蕴。新中国成立后，麋鹿苑引进小红门污水处理厂的再生水，再造湿地环境修复的工程也为其课外教育活动积累了材料。

（三）展览展示资源

作为北京市第一批免费开放的博物馆，麋鹿苑的展览展示功能较为完善。苑中室内展厅面积超过 2000 平方米，展线全长约 400 米，设有 3 个固定展区和 2 个临时展区。苑内馆藏藏品约 3600 件，展出标本文物近 500 件。现有展览包括：麋鹿传奇、世界鹿类、鹿角大观、鸡年说鸡、麋鹿回归三十周年等等。户外展区面积约为 800 亩，展线全长约 3 千米。该区域分散陈列有近 60 项科普设施。这些设施部分取材于生物多样性的保护成果，部分重在宣传生态文明理念，还有部分服务于野生动物观测和保护。

除此之外，麋鹿苑的科普人才资源储备丰富。苑内现有任职 5 年以上的科普专职人员 7 人，科普兼职人员 30 余人。这些科普工作人员均专业知识过硬，活动组织模式成熟，了解不同受众群体的科普需求。目前，麋鹿苑已开发完成各类科普讲座、手工、观测活动约 50 项。

三、“夜探麋鹿苑”活动的组织

（一）活动的基本情况

以上述区域资源为依托，“夜探麋鹿苑”活动于 2015 年 5 月正式启动。该活动的目标是：服务以青少年为主体的科普受众，使他们在知识方面，了解动植物、湿地环境保护、苑囿文化等相关知识；在能力方面，具备观察自然，探索自然，研究自然的能力，能够操作简单实验或手工；在情感方面，培养对大自然好奇心和关注热情，提高环保意识，具备对野生动物的“共情”心理。

“夜探麋鹿苑”活动以苑区参观、展厅参观、科普讲座、湿地观鸟为主要内容，兼以饲养员体验、自然手工制作和夜间观测项目。活动主要于春、夏、秋三季开展，每月可开展1—8期，时间通常安排在周五、周六的傍晚至第二天的早晨。参加者在苑内小木屋中夜宿。

活动的主讲人为麋鹿苑的科普教师，主要受众是集体报名的青少年团体或亲子团体，一般要求儿童不低于5岁。每场活动能接待游客约30人。截至2018年6月中旬，“夜探麋鹿苑”活动已累计开办72期，服务科普受众超过2000人。

（三）活动的实施过程

麋鹿苑的开放时间为每周周二至周日的上午9:00到下午16:00。“夜探麋鹿苑”活动在苑区闭园后举办，进行时间为下午16:00至次日早晨9:00。活动主要内容如表1所示，由苑区参观、展厅参观、科普讲座、湿地观鸟四部分组成。依据活动团体的要求，各个版块可灵活调换备选方案。

表1 “夜探麋鹿苑”活动流程

时间	16:00—18:00	18:00—19:00	19:00—20:00	20:0—21:00	21:00—次日6:00	次日6:00—8:00	次日8:00—9:00
一般流程	入住晚餐	苑区参观	展厅参观	科普讲座	休息	湿地观鸟	早餐退房
备选方案（选一项）	—	—	饲养员体验 科普讲座 自然手工	自然手工 夜间观测	—	—	—

16:00—18:00，活动团体来苑报到，入住小木屋并用晚餐。小木屋位于麋鹿苑西区湿地栈道旁，共15座，可供最多四口之家入住。屋内为游客提供寝具、空调、饮用水、蚊香等生活用品。

18:00—19:00，在麋鹿苑科普教师的带领下，户外参观麋鹿苑的世界鹿类广场、麋鹿回归纪念园、科普设施区、文化桥等区域。在此期间，有机会观察到麋鹿、蓝孔雀、黑天鹅、獐、普氏野马、黇鹿等野生动物，还将了解到皇家猎苑的历史和麋鹿科学发现的故事。孩子们通过观察、体验各种科普设施，例如“蜜蜂之家”“壁虎爬墙”“鸟笼兽笼 ”等，能在游艺过程中理解野生动物的生存需要，提高善待自然、尊重生命的环保意识。

19:00—20:00，在麋鹿苑科普教师的带领下，参观博物馆室内主展厅。了解世界鹿类动物的自然和人文知识。此时段亦可选择其他方案，如在“小动物园”中参加饲养员体验等。

20:00—21:00，在“四不像”科普教室中，聆听麋鹿苑科普教师主讲的科普讲座，或制作自然手工。此时段亦可选择其他方案，如在苑内夜间观测等。

21:00—次日 6:00，回到小木屋中就寝。

次日 6:00—8:00，在麋鹿苑科普教师的带领下，领取望远镜，参加环苑徒步观鸟。观鸟路线长约 1.5 公里，有机会见到麋鹿和数十种湿地野生鸟类。

次日 8:00—9:00，返回小木屋用早餐，退房，活动结束。

四、区域资源在校外教育中的应用方式

“夜探麋鹿苑”活动对麋鹿苑区域资源的利用方式可归纳为以下三方面：

（一）充分利用各类区域资源

“夜探麋鹿苑”活动让孩子们在短短的 17 个小时内，全面、深度地游览麋鹿苑的室内室外展区。活动的主要环节涉及湿地考察、动植物观测、博物馆参观、苑区参观、科普讲座、自然手工、天文观测等等，几乎调动了苑中现有的各类自然生态、历史文化和展览展示资源，形成了

图 1　夜探住宿的小木屋

图 2　参观户外科普设施

图 3　保护区观察麋鹿

图 4　小小饲养员体验

图 5　熄灯夜探博物馆

图 6　清晨观察鸟类

内容极为丰富的科普盛宴。

（二）根据资源特性策划活动

“夜探麋鹿苑”活动在麋鹿苑闭园后开办，这段时间内苑区里人员较少，没有其他游客，动物相对放松，易于观察。从动物学上看，鹿类动物在晨昏活动较为频繁，而鸟类在清晨更加活跃。“夜探麋鹿苑”活动将苑区参观、饲养员体验等项目安排在傍晚，将徒步观鸟安排在清晨，符合动物活动的自然规律，降低了观察难度，提高了观测质量。此外，博物馆室内展厅的参观被安排在天黑以后。此时段馆内关闭人工照明，四处漆黑一片，孩子们打着手电，跟随麋鹿苑科普教师的讲解进入展厅探索。在四周黑暗，光线集中的条件下，游客的注意力高度集中，便于进行科普教学。

（三）区域资源利用形式多样化

针对麋鹿苑的自然生态、历史文化和展览展示资源，“夜探麋鹿苑”活动开发了多种多样的科普展现形式。活动中具有代表性的部分参观、手工、讲座、夜间观测内容如下：

表 2　夜探麋鹿苑的主题和活动内容

分类	主题	简介
展厅参观	麋鹿传奇	讲解麋鹿的自然史以及清朝南海子皇家猎苑的历史
	世界鹿类	讲解世界上约 50 种鹿类动物的自然和文化知识
	鹿角大观	讲解鹿角生长和变异的相关知识，介绍人与鹿类的紧密联系
自然手工	麋鹿芦苇画	利用芦苇制作麋鹿图案的芦苇画。介绍湿地生态系统概况、芦苇等湿地植物的自然科学知识，以及麋鹿的四不像的特征
	拓印自然的色彩	认识植物，采集树叶标本，并在熟石灰上拓印叶片的叶脉
自然手工	植物树脂标本制作	利用脱氧树脂制作干花的包埋标本，介绍基本的标本制作过程
	植物手工皂制作	利用皂基和香料制作透明干花手工皂，介绍香氛植物

续表

分类	主题	简介
科普讲座	麋鹿沧桑与传奇	介绍麋鹿及其相关历史故事，展示以麋鹿保护为己任的北京南海子麋鹿苑的发展历程
	五禽戏背后的自然科学	介绍传统健身方法“五禽戏”的基本动作，讲述与其相关的五种动物的自然科学知识
	保护环境随手可做	介绍世界环境日的由来，展示百姓生活中随手可做的环境保护小事，宣扬环境保护的重要作用
	复活节岛启示	通过对复活节岛历史和石像的揭秘，阐述人与自然和谐相处的意义及破坏自然的严重后果。
	鸟类与观鸟	介绍北京的常见鸟类以及观察鸟类的基本方法
夜间观测	天文观测	利用便携式天文望远镜观察木星、火星等易见天体，了解基础天文学知识
	野生动物观测	利用手电在没有路灯的麋鹿苑中搜寻动物，了解动物在夜间的生活状态

五、结语

“夜探麋鹿苑”活动是麋鹿苑的特色校外教育活动，是对苑内现有区域资源的一次探索、开发和应用。依托于麋鹿苑丰富的自然生态、历史文化和展览展示等资源，该活动在策划与开展过程中，秉持着充分利用各类区域资源，根据资源特性策划组织，资源利用形式多样化的理念，收到了良好的科普效果和社会效益。

如今，随着麋鹿苑的科研、科普能力不断增强，“夜探麋鹿苑”活动的校外教育功能也将进一步提升，以求能够满足更多科普受众，特别是青少年的游览和科普需求，提高公民爱护环境、保护野生动物的自觉性。区域资源在该类校外教育活动中的应用值得进一步的研究和探讨。

参考文献

[1] 王师师:《博物馆教育活动策划的前期准备工作——以2016年白城市博物馆周末系列教育活动为例》,《博物馆研究》，2018年第1期，第53—56页。

[2] 张思桐:《博物馆与观众互动关系及实现途径探析》,《遗产与保护研究》，2018年第4期，第100—102页。

[3] 李素静:《浅谈博物馆教育中手工活动的教学设计——以中小学生的考古学普及教育为例》,《遗产与保护研究》，2018年第1期，第93—94页。

[4] 伽伯·西萨巴:《匈牙利自然历史博物馆的历史、设施和活动》,《自然科学博物馆研究》，2018年第3期，第40—43页。

[5] 张楠:《浅论生物多样性保护与生态文明教育的协同发展》，中国科学技术协会等主编,《中国科学技术协会第十六届年会论文集》，云南:《中国学术期刊（光盘版）》电子杂志社有限公司，2014年第5期。

[6] 胡冀宁:《麋鹿及其文化在北京南海子的传承与弘扬》，北京农业职业学院学报》，2012年第5期。

[7] 胡锦涛:《坚定不移沿着中国特色社会主义道路前进为全面建成小康社会而奋斗：在中国共产党第十八次全国代表大会上的报告》,《人民日报》2012年11月9日。

[8] 李克强:《加强生物多样性保护和科学合理利用 提高生态文明水平和可持续发展能力》,《人民日报》2012年6月6日。

浅论科普场馆与中小学伙伴关系的深化与发展

北京麋鹿生态实验中心　张　楠

摘　要：科普场馆和学校在科学教育中各有特征。在开展馆校结合工作时，双方应深刻了解各自角色和责任，从“以场馆资源支撑学校教育”和“以学校需求拉动场馆科普能力”两方面深度联合。为促进科学教育事业发展，加深馆校结合的连结，中国有必要向先进博物馆吸收经验，取长补短，弥补缺陷。

关键词：馆校结合；科普场馆；中小学；科学教育；博物馆

一、中国馆校结合的发展与存在问题

2006年以后，中央办公厅、国务院先后公布了《国家中长期科学和技术发展规划纲要（2006—2020年）》《关于进一步加强和改进未成年人校外活动场所建设和管理工作的意见》《全民科学素质行动计划纲要（2006—2010—2020年）》等指导性文件，中国的馆校结合事业经过十多年的发展取得了长足的进步。科普场馆（简称场馆）与学校，特别是与中小学之间的联系日益紧密。馆校双方在合作教学、校外教学等方面取得了丰硕的成果。但与此同时，随着馆校结合的不断深入，一些结构性摩擦和责任划分问题也逐渐浮现出来。

一方面，场馆对学校利用科普资源的方式存在质疑。例如：学校开展游学活动之前，仅向场馆咨询厕所、餐厅的位置，并不关心科普内容；学校打着校外学习的名号，将学生带进展厅后却变成任其疯玩猛跑；学校制定的学习单太死板，学生除了看展品说明牌不愿了解其他知识。由此，场馆往往会产生“场馆没必要迎合学校需求”的观点。

另一方面，学校对场馆的诉求不能被充分满足。譬如：场馆的展览、活动和学校规定的授课重点没有相互对应；场馆缺少与课程配套的学习单，甚至不提供讲解；教师需要搜集教具和资料，场馆却无法外借；学校有意洽谈合作，却找不到场馆相关负责人。有些学校持观点认为“场馆帮不上学校的忙”。

实际上，为学生创造丰富的学习机会，营造优良的学习环境是场馆与学校的共同追求。但现阶段，馆校双方的观点和需求不能相互契合，造成了效率的损失和资源的浪费。许多学生一遍遍地体会着含金量低、枯燥、不符合他们接受能力的场馆参观之旅。目前，与美、英、日等西方国家相比，中国的馆校结合仍存在浅表性、偶发性的特点——场馆资源对学校教学的支撑力度不足，学校游学等活动多不具有周期性和持续性。中国馆校结合的规模、深度、时长等各方面都亟待提高。下文将介绍日本、美国、英国馆校结合的典型案例，以期为我国科普场馆与中小学的深度结合模式提供借鉴。

二、日本国立市乡土文化馆——场馆活动与学校课程相互对应

（一）场馆简介

国立市乡土文化馆位于日本东京都国立市，是一处地域性的历史、民俗博物馆。馆内常设展览分 6 个部分，介绍了当地的原始自然环境、历史文化发展、村落房屋建筑、传统生活用具、祭祀婚丧民俗等等。馆内除设有常设展厅、临时展厅、研究室、研修室、讲堂之外，还设有户外原始住宅遗址、实景庭院、近代传统民宅等。

（二）馆校结合方式

早在 2009 年，国立市乡土文化馆（简称文化馆）已经被日本全国科学博物馆振兴财团列为“博学连携”（馆校结合）的样板。该馆与国立市的绝大多数中小学建立了合作伙伴关系，利用其科普资源支持课程教学。文化馆开办部分活动与学校课程的对应关系如下表：

表 1　国立市乡土文化馆活动与中小学课程的对应关系（2009）

年级	学校科目	学校课程名称	博物馆活动
一年级	社会	和当地市民搞好关系	采访“市民”
三年级	社会	体验过去的生活	体验传统农具、生活用具 听过去的故事，相互交流
五年级	社会	体验稻作农业	在传统民居前体验稻作农业
六年级	社会	游学活动——“绳文时代那些事”	听当地绳文时代的故事，了解当地出土的陶土器，整理历史资料
		暑假作业	地区历史调研
初中生		校外实践	听馆长讲博物馆的运营 制作馆内实际使用的展板

如表 1 所示，国立市小学一年级学生有“和当地市民搞好关系”的课程。文化馆对应推出了“采访市民”活动。活动由文化馆馆员扮演“市民”，并接受孩子的采访。聊天过程中，学生能够参观展厅和库房，了解馆员的工作内容。采访结果将在学校课堂上发表。

三年级学生有“体验过去的生活”的课程。文化馆依托其丰富的民用器具馆藏，建造了多处可以体验传统生活的实景展区。馆方每年对当地所有三年级小学生开展体验活动，并根据季节、体验人数等情况灵活变换内容。此外，馆内还组建了志愿者团队，学生们可以向志愿者（包括当地老人）提问，了解过去人们的生活经历。

五年级学生有“体验稻作农业”的课程。文化馆组织学生体验各个时代的稻作农具，包括传统的足踏式脱壳机和唐箕（手摇式脱壳机），以及现代使用中的农业机械。馆藏的农具还可以外借，支持校内教学活动。

六年级学生已经开始学习日本史。文化馆推出了考古资料参阅项目。只要提前预约，学生便能够查阅馆藏的考古资料，如古代地图、旧照片等等。活动旨在通过真实的展品，增强小学生对抽象历史的理解。

为了支持初中生的“校外实践”，文化馆安排学生扮演馆员，体验展板制作、资料整理等力所能及的工作。同时，文化馆将初中生招募进志愿者团队，向前来体验的三年级学生讲述过去的故事。

除上文中文化馆科普资源对学校教学的支撑之外，当地学校的各种需求对文化馆的科普能力也有拉动作用。

学校除了周期性、经常性地将文化馆作为学生校外教学、游学、校外实习的场所，还就日常教学中的困难向馆方提出需求。例如：外借旧照片及旧教科书；邀请做传统舞蹈的编排与指导；趣味运动会的题目咨询；学生暑假作业题、考试题的选题咨询等等。学校方面不断提出的需求，帮助文化馆对现有科普资源进行检验，也为馆方在馆校结合中的未来发展指明了方向。

三、美国芝加哥科学与工业博物馆——搭建教学测评与教师培训平台

（一）场馆简介

芝加哥科学与工业博物馆（简称科工馆）坐落于芝加哥南城五大湖湖滨。它是美国历史最悠久的现代科技馆，也是西半球最大的科学类博物馆。科工馆占地面积超过 3 万平方米，拥有 75 个主展厅，2000 多个不同的展览项目。自 1933 年开馆以来，该馆累计接待游客约 1.8 亿人次。在开展馆校结合方面，馆内设有科学发展教育中心、科学教师教育课程、青年发展项目、学生科学实验室、课外俱乐部等。

（二）馆校结合方式

区别于国立市乡土文化馆的地域性特征，科工馆作为国家级、国际性的大型科技馆，其馆校结合的重心不在于场馆活动紧密结合学校课程，而主要体现在场馆对学校教学的评估和指导。其中“科学领袖学校

伙伴计划项目"（简称伙伴计划）是该馆与学校对接的主要方式之一。

"伙伴计划"是科工馆搭建的一个教学测评及教师平台。它以学年为周期，通过一系列的工作会议，对中小学的科学教育现状进行测评，引导学校制订有效的年度教学计划，并监督计划实施，测评计划效果。一所学校可以从教师、管理者、跨学科团队三个维度加入伙伴计划，并参与为期三年的交流和测评活动。

科工馆向加入伙伴计划的学校提供六个方面的支持，分别是：认知与识别、学校支持工具、馆内工作会议、教师带头人圈子、管理者圈子、跨学科团队圈子。其中，"学校支持工具"俗称"大篮子"，是馆方提供的包含 8 大项、15 小项的学校科学教育发展工具。其中包括：价值观树立、合作基础建立、STEM 课程设计、专业深造、优秀项目交流、科技资源转化、跨部门伙伴联结、资金支持等。

截至 2017 年 7 月，共有 30 所芝加哥地区的公立、教会学校及周边地区的公立学校加入伙伴计划。其中有 15 所学校已经进入了伙伴计划的第二年，15 所开始了伙伴计划的第一年。加入该计划只需向馆方申请即可。

科工馆的馆校结合工作站在权威指导者的立场上，从教师而非学生入手，意在通过提升教师能力，改善学校的科学教育水平。馆方并不直接输出科学知识，而是依托于深入的科教研究、众多的学校伙伴、出众的组织能力，搭建平台，输出教学理念，令学校主动加入探索、讨论、测评、提高。学校方面对于伙伴计划的反馈，将作为馆方科学教育研究的素材，检验和修正其研究成果。

四、英国伦敦科学博物馆——需求主导型科普资源输出

（一）场馆简介

伦敦科学博物馆（简称科学馆）位于英国伦敦南肯辛顿区，是一座汇集自然科学、现代科技、医学农业等为一体的综合性博物馆。该馆是英国国立科学与工业博物馆的组成部分，创建于 1857 年，建筑面积约

3 万平方米，馆藏藏品超过 30 万件，设有约 70 个展厅，每年接待游客约 330 万人次。

（二）馆校结合方式

科学馆的馆校结合方式含有“学校课程辅助”和“教师培训”两个部分。其中，该馆对课程的辅助方式主要是将自身的科普资源直接输出到学校里。科学馆将其具备的各种科普资源详细公布在官方网站等信息平台上。校方可以根据实际的教学需求，自行下载课件或预约场馆活动输出。

1. 自助式教学资源下载

科学馆对应英国 EYFS-ks4（学龄前至高中）的学校教育课程，开发了近 60 种教学辅助项目，内容包含科学秀、科普剧、手工制作、调研报告、Flash 游戏、APP 游戏、话题辩论、课题研究等等。校方通过访问科学馆官方网站，可以查阅辅助项目简介，下载项目的详细操作指南、活动组织方案、危险分析报告、学生学习单、教师教案、授课 PPT、课题背景资料等。教师可以参考以上材料，在课堂上自行开展富有场馆教育特色的教学活动。

2. 呼叫式科普活动输出

学校只需提前两个季度进行电话或网络预约，科学馆的“校园访问项目”便可以将馆内的科学秀、科普剧、科学实验室带到学校的教室里。该项目支持访问距科学馆直线半径 50 千米以内的中小学。一天之内能够表演四场节目，但不超过三个不同的内容。“校园访问项目”对学校方面的场地等硬件条件有要求，费用约是 600 英镑 / 天。如表 2 所示，“校园访问项目”能够输出的科普活动近 15 种，并针对不同年级和科普需求分为不同类型。这些活动和学校教学课程都具有联系性。学校可以根据教学计划、课程内容自行搭配选择。

3. 教师交流培训

科学馆支持教师的科普资源分为四类：①场地支持。馆方在特定时间内在馆内设立教师活动区，供教师交流、学习、组织聚会、参观展厅等。②馆内授课。科学馆的专业培训团队在场馆里为教师进行为期一天

表 2　科学馆“校园访问项目”可输出的科普活动（2017）

名称	类型	适合年龄（岁）	时长（分）	简介
泡泡秀	科学秀	3—11	30	观察泡泡形态，探寻泡泡水秘方
失眠的刺猬	科普剧	3—7	30	帮助刺猬找到正确的光源，驱走“影子怪兽”
三只小猪	科普剧	3—7	30	帮助三只小猪选择材料建筑一个坚固的房子
感受“力”	科普剧	7—11	45	与牛顿和特技蛙去比萨斜塔，探查地心引力
抓住窍门	手工制作	7—11	60	制作气球抗摩擦气垫船
光荣的血液	科普剧	7—11	45	跟随血液进入人体，发现它的作用、走向
火星任务	手工制作	7—11	60	制造自己的火箭模型，执行火星任务
黏液时间	科学秀	7—11	60	动手捏软泥，了解黏液的流态和固态性质
危险！高电压	科学秀	11—14	45	观察高压演示使电和磁的转化
内脏的故事	科学秀	11—14	45	观察实验，了解食物进入消化系统后的变化
物质的世界	科学秀	11—14	45	观察实验，了解分子和化合物，认识周围的世界
科学沟通	研讨会	11—14	90	制作科学手工，学习描述、演讲、沟通技巧
超凉的科学秀	科学秀	11-14	45	观察液氮气球，了解热量和气态液态转化的知识
水的运输	科学秀	11-14	45	设计方案，用漏斗，竹竿，绳子等材料运输水

的培训。内容包括：展品与学校课程的结合点、教学方法和经验、学生心理评估、学生活动组织等。③馆外授课。科学馆的专业培训团队来到学校里，为教师团体进行约 90 分钟的培训。内容包括：科学研究技巧、学生培养方法、教学计划制订等。④学习顾问。馆方针对教师需求，对学校课程进行测评，并收集建议和意见。以上四类针对教师的资源支持，需提前预约方可参与。

如上文所述，科学馆的科普资源具有较强的自助性。学校在根据教学效果、操作难易度等标准选用资源的同时，场馆也易于统计资源的利用率，了解校方的意愿和需求。通过组织教师培训课程，场馆有机会寻找教师试用实验阶段的科普资源，加快资源的完善和更新。

五、结语

综上所述，由于科普场馆和学校在科学教育中各有特征，在开展馆校结合工作时，双方应当深刻了解自身的角色和责任，馆校深度结合的模式多种多样。如日本国立市乡土文化馆，场馆活动与学校课程一一对应，学校咨询需求拉动场馆发展。又如美国芝加哥科学与工业博物馆，搭建教学测评与教师培训平台，并依据反馈数据开展科学研究。再如英国伦敦科学博物馆，采用需求主导型资源输出，分析学校对资源的使用频次和意见实现自身完善。

参考文献

[1] 佚名:《科技明珠——芝加哥科学与工业博物馆》,《发明与创新·中学生》, 2016 年第 5 期，第 56—57 页。

[2] 高安礼士等:《科学系博物馆の学校利用促进方策调查研究報告书——教员のミュージアムリテラシー向上プログラム開発》,《文部科学省》, 2009 年，第 12—13 页。

[3] 张秋杰，鲁婷婷，王铟:《国内外科普场馆馆校结合研究》,《开放学习研究》, 2017 年第 10 期，第 20—26 页。

[4] 唐颖:《科普场馆开展“馆校结合”活动浅析》,《科协论坛》, 2017 年第 9 期，第 34—35 页。

[5] 董晨阳:《浅析博物馆资源与校本课程的有机结合》,《内蒙古教育》, 2017 年第 9 期，第 39 页。

[6] 芝加哥科学与工业博物馆官网，http://www.msichicago.org/education/professional-development/science-leadership/school-partners/requirements/，查阅时间：2017 年 7 月 5 日。

[7] 伦敦科学博物馆官网，http://www.sciencemuseum.org.uk/educators/teacher-cpd-and-events，查阅时间：2017 年 7 月 7 日。

初见，初心

——法海寺壁画讲解员

北京市法海寺文物保管所　徐　柯

有一种初遇，叫作一见如故！

有一种初心，叫作牢记使命！

中华民族的优秀传统文化不仅具有源远流长、博大精深的内涵，更具有与时俱进、朝气蓬勃的生命力。

在改革开放40年的历程中，中国的经济发展世人瞩目，人民的物质生活水平大幅提高，与此同时，大家的文化需求也是与日俱增，而且并不局限于现代文化，更多的人愿意主动去接触、了解和学习传统民族文化。

初见法海寺的时候，我们被这里古朴的建筑所吸引、精美的展品所惊艳、优美的环境所折服。当我们看到那深藏于大雄宝殿中近600年的壁画时，我们被震撼了！并由心底产生了一种似曾相识、一见如故的感觉。与壁画相对而立，与画中的人物四目相交时，仿佛可以从他们的眼中看到500多年前的情景。15位宫廷画师，用艺术家的高超技艺，用匠人精益求精、持之以恒的精神，加之劳动人民的聪明智慧以及自己那份无比虔诚的心，在这座寺院的殿宇墙壁上留下了精美绝伦的民族文化遗产——法海寺明代壁画。

五千年的传统文化就像浩瀚的大海一样广阔而又深远，北京的法海寺只是注入这汪洋中的一条小河，而我们，就是这小河中的一滴滴水。

我们愿永远做这一滴水，推动着小河奔流不息，注入大海，让它有随时都能掀起惊涛骇浪的动力。我们知道文化是一个国家、一个民族的灵魂。让每一个人了解中国的传统文化，就从法海寺开始！从我们这群壁画讲解员做起吧！因为我们是中国传统文化的传承人！

作为法海寺的壁画讲解员，我们深知责任重大，不仅是要讲好壁画，提升游客的参观满意度，更要做好中国文化的传承与发展工作。为了把法海寺壁画的神秘面纱揭开，让它的美丽真容示于大众，让每一位游客都能更好地了解和欣赏这国家宝藏，哪怕是图中的一个细节、一个纹饰，我们每天都在不断地观察学习，实践突破。虽然饱尝枯燥乏味之苦，但自我创新的喜悦和游客满意的笑容与认可成了我们最大的鼓舞、最好的褒奖。因为我们是中国传统文化的传承人！

每一次讲解壁画的过程都是推动传统文化传承和发展的一小步。为了满足不同人群的不同需求，讲解需要采用不同的风格，有时诙谐幽默，有时严谨论证，有时侧重于佛学理论，有时又偏重于绘画艺术，但是大家都乐此不疲。法海寺的壁画保存完整，构图严谨，绘制精美，内容丰富，是国内现存明代壁画的精品之作。不仅如此，它的很多细节还体现了传统的时尚元素：鬼神的团花卷筒短裤，不仅质感十足，而且团花的细腻时尚感也不输爱马仕等当下国际一线品牌；精灵的碎花短裙，配以红色腰带，再以精美的莲花和呆萌的金蟾作为装饰，大胆的用色、夸张的饰物，既有中国的传统文化底蕴，又与现代人的审美不谋而合。在观看法海寺壁画时，每一个人都会感慨中国古代劳动人民的智慧，而我们所要做的不仅是要让这些国宝壁画“活起来”，更要让它与时俱进地“活”在新时代中，因为我们是中国传统文化的传承人！

平时，大家在一起学习、探讨、争论，互相分享不同的知识，相互鼓励，共同进步。在法海寺，你随时随处都可以见到讲解员的身影，我们也许在擦拭着展厅，也许在巡视着展区，但是从来不会吝啬自己的微笑和语言，从不拒绝与游客交流。我们知道传统文化的传承和发展是一场接力赛，要靠你、我、他共同不懈的努力。在这里，我们每个人都愿意与您答疑解惑、交流学习，因为我们是中国传统文化的传承人！

法海寺壁画讲解员是文博讲解员队伍里的一个小团队，组建至今也不过 2 年左右的时间。但作为这个团队的一员，我们感到无比的骄傲与自豪。我们有着共同的愿望和目标，那就是让更多的人喜欢中国传统文化、了解中国传统文化。我们将一点一滴地努力，一如既往地奋斗！我们会留恋那一见钟情的初见，更会牢记我们的使命，不教冰鉴负初心！因为我们是中国传统文化的传承人！

红楼印象

——记北京新文化运动纪念馆

法门寺博物馆　姚皓杰

北方的早春，还结着坚冰的时候，杨柳倒垂岸边，枝头悬挂晶莹，洁白的梅花盛开。2014 年 1 月 23 日下午，空气格外清新，我随父亲参观了位于北京市东城区五四大街的北大红楼，即今天的北京鲁迅博物馆（北京新文化运动纪念馆）新文化运动纪念馆馆区。与周边建筑相比，她没有故宫博物院的宏伟壮丽，也没有景山公园的树木葱郁。然而，她却承载着近代中国步入科学、民主的历史，留下了中国共产党人探寻救亡图存真理的不朽足迹。

图 1　纪念馆正门（2014 年 1 月摄）

北大红楼是原国立北京大学旧址的一部分，始建于1916年，1918年竣工。大楼系砖木结构，连地下室共五层，总面积10000平方米。因外观呈红色，故人们习惯称作红楼。红楼建成后，成为北京大学校部、图书馆和文学院所在地。1919年，这里孕育了五四爱国运动，李大钊、陈独秀等一批先进知识分子在这里学习、传播马克思主义理论，成立了北京共产党早期组织。北大红楼是五四新文化运动的象征，是中国共产党的重要发祥地之一。

当天前来参观的游客络绎不绝，人们在红楼这方圣地流连忘返。红楼内大多是图书馆，有李大钊的图书馆主任室、毛泽东工作过的新闻纸阅览室，以及登录室、编目室、阅览室、藏报室等，还有文科教务处、《新潮》杂志社、书法研究社和校医室等。

当年的阅览室，门边的一桌一椅就是毛泽东当北大图书馆助理员时的工作岗位。1918年10月，毛泽东终于得偿所愿，成了北大图书馆助理员。虽然当时的薪金，每月才八元钱，但他觉得，在北大红楼可以阅读到各种书刊，接触到新思想，结识学校内外的名流学者和有志青年，这种有书读、有课听、有钱挣的状态，足以让他感到满足。那段时间，毛泽东的心情是欢快的。更让他深感欣慰的是李大钊先生对他的器重。虽说自己职位卑微，而人家是享誉学界的教授，可每次李馆长见到他时，总是和蔼可亲，循循善诱，从不颐指气使，高高在上。不仅如此，在生活和学习上，李大钊也对他处处关心，尽力帮忙。比如，为了旁听之事，帮他联络老师，安排课程。为了让毛泽东提升自我，李大钊还专门介绍他参加了北大哲学研究会。可以说，李大钊引领毛泽东“迅速朝着马克思主义的方向发展”。

让我感受最深的是红楼一层的新潮社。1918年底，北大学生傅斯年、罗家伦、顾颉刚和徐彦之等在进步思潮的影响下，集合同学成立了新潮社。新潮社内引人注目的是剪刀、脸盆浆糊、竹皮暖水壶、铁皮水壶、粗杆大毛笔、刻制传单用的蜡笔、蜡板、油印机等展品。正是这些看似不起眼的用具，复原了五四前夕北大学生准备游行时的旗帜、标语以及罗家伦起草《北京学界全体宣言》后刚刚离开新潮社的情形，把北

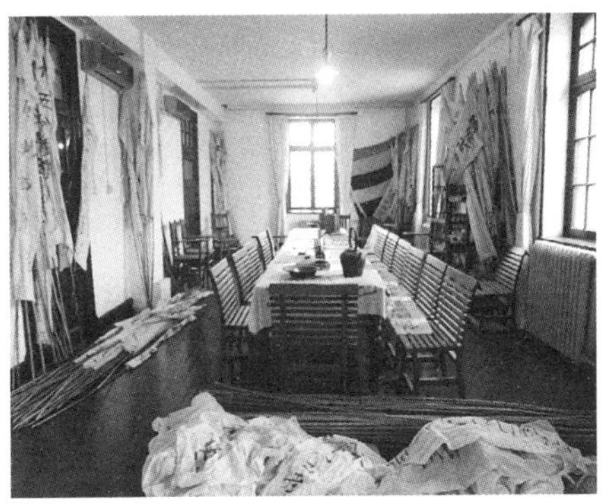

图 2　阅览室和新潮社（2014 年 1 月摄）

大成为五四运动策源地的历史时刻、北大学生为“五四”游行而做准备工作的场景真实地再现出来。站在新潮社外，看着这些场景，我的耳边仿佛响起爱国救亡的口号声，依稀看到学子们走进房中举起标语旗帜，冲出红楼，向天安门进发。一种“于无声处听惊雷”的历史震撼感油然而生。

在今日的北京，红楼已经说不上摩登和高大。但在人们心中，她占的空间依然很大，分量依然很重。一切都仿佛照旧，不过是换了一代又一代人。物因人而名，人去物在，睹物而思人。作为忠实的历史见证者，红楼有说不完道不尽的故事。她恰似一座巍峨的丰碑，永远矗立在祖国的大地上。

在改革开放的历史新时期，随着新时代中国特色社会主义事业的胜利开展，中国特色社会主义文化发展道路已经历史地摆在我们面前。新文化运动中，《国民》创刊号出版，其封面是一个青年正凝视着未来，眼中饱含无限希望。时间在炫耀他的目光，企图看穿我们能走多远。回首百年，新文化运动以来的历史实践已经给出了明确的答案。正如习近平总书记指出的，中华民族创造了源远流长的中华文化，也一定能够创造出中华文化新的辉煌。

小小展厅故事多

北京南海子麋鹿苑博物馆　靳　旭

我所在的北京南海子麋鹿苑博物馆，是1999年在“北京麋鹿生态实验中心”和“北京生物多样性保护研究中心”的基础上成立的。与大部分博物馆不一样，这是一个以麋鹿为代表、以展现户外生物多样性为主的博物馆。或者说，我们的“展品”主要是室外那些活生生的鸟兽虫鱼、花草树木。真正符合大部分人对“博物馆”的预期的，是建馆伊始就有的一个讲述麋鹿故事的小小展厅。这个名叫“麋鹿沧桑”（整修后改名“麋鹿传奇”）的展览，虽然面积只有100平方米，却讲述了麋鹿这一中国特有物种的传奇身世。参观者如果自己看，可能三五分钟就转完了，也许还会有一点失望。这就需要我们专职的科普工作者把展品背后的故事挖掘整理并讲述出来。在我们的讲解引导下，参观者能够了解到很多关于麋鹿的有趣的故事。

在展厅的一个展柜中，陈列着两件麋鹿角的化石。它们都出土于麋鹿苑周边，即当年的南苑故地。这里曾是元、明、清三代的皇家猎苑，因在京城以南，故名南苑。这两个不大起眼的麋鹿角化石，却为一个南苑麋鹿的历史悬案提供了重要的线索。原来，对于南苑的历史，今人根据历史档案和相关记载虽然能够梳理出大致的脉络，但对于其中麋鹿的来源却一直不甚明了。科普作家谭邦杰先生曾质疑：“具体到这一群麋鹿，尚未查明究竟是清朝添置的？明朝添置的？或是元朝旧有的？

是直接由野外捕来的还是由更早的园囿遗留下来的？”[①] 这也成了麋鹿历史研究中多年来的一个悬案。展厅中的麋鹿角化石恰恰为此提供了线索——从鹿角的矿化程度而言，起码有千年的历史，这就远远超过了南苑的历史（至多七百多年）。由此可以推断，在南苑建立之前，这里就已经生活着大群麋鹿；明代建设南苑围墙时，把麋鹿圈至其中，并一直延续到清末。

麋鹿有个广为人知的“俗名”——四不像，我们的展厅里也有一块展板专门介绍了“四不像”的具体内容，即所谓的“脸似马非马，角似鹿非鹿，蹄似牛非牛，尾似驴非驴”，以至于有的观众说这应该叫“四像”才对。我们也一直把这当做“四不像”名字的原因。但细想之后就会发现，“四不像”是泛指那些奇形怪状、不伦不类的东西，其中的“四”就像“丑八怪”中的“八”一样，并非实指。中国其他地方被叫做“四不像”的动物（如东北的驼鹿和驯鹿，南方的水鹿和鬣羚）也没

小小的展厅

① 谭邦杰：《四不像何日重建家园》，《大自然》1980 年第 1 期。

有具体的四条“似X非X”，所以，“四不像”有了具体的四条才是很可疑的地方。我们顺此线索查找文献，发现用“四不像”这个名字来称呼麋鹿这种动物的人，最早是一位外国人。法国传教士、博物学家阿芒·大卫作为最早获得麋鹿标本的科学界人士，在他的记录中说中国人把这种动物叫“四不像”，并列出了四条“似X非X”（与现在流行的四条不完全相同），但却没有记录“麋”这个原本的名字。再结合大卫“发现”麋鹿的过程，其细节就大致可以推演出了——在1865年秋天第一次见到麋鹿之后，直到次年初，大卫才设法买通了守苑的军士，秘密地用20两纹银换得了2副鹿的标本。兴奋的大卫并未忘记博物调查的重要一步——询问当地人如何称呼这种动物。冒着生命危险从“皇上家”往外偷东西的军士并不知道这就是古书中的“麋”，就告诉他中国人把这些长着分叉的角的动物叫“鹿”。在其他地方见过叫“鹿”的动物的大卫显然不满意，再三追问下，军士只好以“四不像”搪塞。在中国已待了几年、略通汉语的大卫可能也是第一次听到这样的“俚语”，便继续追问这种奇特的动物到底有哪四条“不像”之处，可怜的军士只得硬编出四条来，好赶快把这个较真的洋人打发走。可大卫却认认真真地将其记录在自己的调查记录中。直到十多年后，才有西方汉学家考证出来今之“四不像”即古之“麋”，只是此时“四不像”这个“俗名”的风头已远远盖过了它的本名。这件事情告诉我们，一些看似早有定论的事情，如果我们能够发现它的逻辑问题或证据漏洞并深究下去，往往会有意想不到的收获。

在展览结尾处的展柜中有一件个体硕大、形态优美的麋鹿角，其主干上还用精细的楷书镌刻着一篇由乾隆皇帝撰写的文章，给我们讲述了一段耐人寻味的故事。那是乾隆三十二年（1767年）的冬至时节，乾隆帝想起自己在五年前写的一篇《鹿角记》中曾考证过《礼记·月令》中记载的“仲冬之月…… 麋角解”（麋脱角），可是他观察的结果却是“鹿与麋皆解角于夏，不于冬”。五年来，这个疑问一直萦绕在他的心头，挥之不去。在这个隆冬时节，他突然想到南苑里的那种叫“麈”的动物会不会在冬天脱角呢？于是，他立刻吩咐御前侍卫前去察看。去的人很快就捡回来一只大角，回报说“那里的‘麈’正处在脱角时节（“正值其候”）——有的两只角都在头上，有的刚脱落一只角，有的一对角全掉了”，并呈上了捡回的大角。乾隆不禁感叹道：“古人错在把麈当作麋，而朕呢？则更错误，竟然不知道还有冬天掉角的兽。天下知识真是无穷无尽，事物就这样不容易摸透啊！”于是乾隆帝挥笔写就了一篇《麋角解说》，命人刻在捡回的大角上，以记此事。那么，乾隆皇帝的疑问解决了吗？他观察到的“鹿与麋皆解角于夏，不于冬”又是怎么回事呢？原来，中国古代虽有丰富的博物记录，却缺乏严谨细致的博物学体系，许多动物，甚至包括一些大型动物的名称都被叫混、叫错。乾隆皇帝就误把“麋”的名号安在了其他夏天脱角的鹿上，却把原指鹿群中头领的“麈”当成了冬天脱角的麋鹿的名字，还感慨古人错把麈当作麋。幸亏他还比较谦虚，同时承认自己的错误更甚，竟然不知道“冬之有解角之兽”。在那篇《麋角解说》的最后，乾隆皇帝命令臣下按照他的最新考证结果修改清朝的天文历书，同时指示《月令》的记载就不用改了（“《月令》古书不必易”）。虽然乾隆皇帝已经有了初步的实证观察的思想和实践，但由于缺乏系统严谨的规范指导，仍然不免摆了乌龙。皇帝的金口玉言虽然当时没人敢于纠正，之后则不免成为笑谈，麋鹿还在遵循着自然的法则年复一年在冬天脱角。

小小的展厅已陪伴我在麋鹿苑度过了16个寒暑。虽然现在有了更大更漂亮的展厅，但我还是在这个小展厅里讲解的时间更长。在这里，我把麋鹿身上的故事讲给一个个远道而来的朋友，把麋鹿曾经给我带来的启迪、惊喜和感动传递给大家。

园林景观博物馆的科普和社会教育功能

——以颐和园耕织图水操学堂为例

北京市颐和园管理处　孙　萌

摘　要：耕织图水操学堂是颐和园中重要的农事景观，始建于清漪园时期，也是颐和园时期水操学堂的所在地。1998年，该学堂复建为一座由主体建筑、常规展陈、植物配景等组成的景观博物馆，并因其丰富的历史内涵和人文价值，成为向公众普及园林历史知识、科技文化知识，宣传爱国主义精神，进行文化认同教育的基地。

耕织图水操学堂拥有景观和博物馆双重功能，在颐和园中具有不可替代的作用和地位。它在保护和利用景区各项自然人文资源的同时，更加注重为不同游览群体提供高品质的旅游体验，如增加参与互动项目、寓教于旅，发挥出了景观博物馆独特的社教潜能和综合优势，成为学生们的第二课堂及公众的终身学校。

近年来，耕织图水操学堂在硬件升级、展陈创新、文化宣传、公众教育等方面，都与现代博物馆发展总体趋势有一定差距。面对机遇与挑战，本文提出了一些预想和建议，尝试寻找其新的发展方向，以满足各类群体不同层次的文化需求，更好地发挥出园林景观博物馆在推动旅游繁荣发展中的积极作用。

关键词：颐和园；耕织图；水操学堂；景观；博物馆

一、耕织图水操学堂的历史沿革

（一）清漪园时期耕织图的肇建

“国正之本在乎农政”，农事生产是封建社会发展的命脉和根基，是人类生存繁衍的保障。在中国传统的农业社会中，百姓的衣食温饱关乎着王朝的长治久安。清代统治者推行“重农”政策，清漪园的肇建者乾隆皇帝继承并发展了帝王农本的传统思想，他认为“帝王之政，莫要于爱民，而爱民之道，莫要于重农桑。此千古不易之常经也”。1750 年，乾隆皇帝以恭贺母寿、排洪蓄水为名修建了西郊最后一座皇家大型山水园林——清漪园，并利用园林西部得天独厚的自然条件种植水稻，还把京城内织染局、圆明园中的蚕户都搬迁至此，生产带有“耕织图”标识的丝织品。清漪园西部，男耕女织一派繁忙。关乎国本民生的“男耕”与“女织”巧妙点缀于山水之中，自然景观与人文景观完美融合。耕织图除稻田、蚕房外，还配有一组建筑，由澄鲜堂、玉河斋、延赏斋、蚕神庙、水村居等组成，是供帝后赏景、祭神、游憩之所。从乾隆十六年（1751 年）在玉河北岸立昆仑石碑、命名“耕织图”起，至乾隆三十六年（1771 年）“耕织图”刻石镶嵌完毕，清漪园耕织图景观终于建成。耕织图成为皇家园林内的“世外桃源”，也是帝王劝课农桑的胜地。

（二）颐和园时期的水操学堂

1860 年，位于北京西郊的“三山五园”遭到了英法联军的野蛮劫掠和焚烧，位于清漪园西部的耕织图也遭到破坏。光绪十四年（1888 年）清帝国实权掌控者慈禧太后决定重修清漪园，并改名颐和园，把这里作为她还政养老之所。为缓和局势、掩人耳目，统治者以兴办海军为名，在耕织图废墟上兴建昆明湖“水操学堂”，设有内外学堂、宿舍等建筑，并在学堂周围添建了围墙，使其独立于整座园林之外。学堂建成后，招收满族子弟讲授行船布阵等课程，并在昆明湖中进行操练。但昆明湖狭小的水域不可能成为操练战船的基地，所谓的新式海军“人才”最终成了慈禧游幸昆明湖时驾船的御用“舵手”。1895 年，耕织图水操学堂随着甲午中日战争的惨败而终结。

二、耕织图水操学堂的复建

（一）外部景观建筑

耕织图水操学堂废弃后，随着历史的变迁，其功能和归属也发生了巨大变化。民国时期，曾经改为香山慈幼二院，后又被迦南孤儿院借用。新中国成立后被工厂占用，搭建的厂房和生活区杂乱无序，昔日耕织图鱼跃鸢飞的水乡美景早已消失殆尽，工厂的生产生活污水排放也严重影响了颐和园的整体游览环境。1998 年，颐和园管理处收回遗址，开始逐步恢复耕织图景区的历史风貌。

耕织图水操学堂具有生态景观和人文景观的双重属性，其见证了清漪园、颐和园两个不同的历史阶段，具有延续性和不可分割性。单纯恢复耕织图景区或单纯修缮水操学堂都将割断历史发展的脉络，导致清漪园—颐和园历史文化链的断裂。耕织图水操学堂景观，将室外景观建筑序列与室内文化展陈序列相互结合，将展示清晰化、动态化、体系化，创造出具有露天博物馆性质的园林景观。[①] 复建工程重点恢复了澄鲜堂、延赏斋、内水操学堂、蚕神庙、水村居等建筑。这些建筑都兼具园林点景和内涵展示的双重功能，且历史层次分明、衔接流畅、主题鲜明。景区文物陈设的复制，均以原始档案资料为支撑。例如，对乾隆三十四年（1769 年）画院临摹的元代程棨《耕织图》石刻拓本进行的摹刻，共 45 方，被镶嵌于玉河斋廊壁间。水操学堂内学堂在原有基址上修缮复建，作为室内博物馆开放展览，共有 5 个展室，展出清漪园农事景观及颐和园水操学堂的历史沿革。为重现清漪园时期

① 高大伟:《颐和园耕织图园林文化景观的再生》,《天津大学学报》, 2008 年 3 月，第 150—154 页。

耕织图的植被景观，保留了乾隆时期栽植的古桑、古柳、海棠等乔木，并配以迎春、碧桃等花木进行点缀，烘托出极具江南风韵的田园风貌，创造出画中有景、景中有画的意境。

（二）室内常规展陈

耕织图景区中的 5 个展厅，原址为水操学堂内学堂。复原后其内部以常规陈列为主，以时间为主线，阶段分明、层层推进，主要展示从清漪园至颐和园时期耕织图的历史变迁，以实物、图片、沙盘模型为展示内容，辅以现代化的声光电设备等。作为景区内的遗址博物馆，耕织图水操学堂区别于综合博物馆和专题博物馆，它通过对实物、图片、文字、模型等的陈列，深入解读景区历史发展的内涵与外延，而景区中的景致又鲜活地再现了文字、图片中所描绘的内容。这种展示方式和功能价值，是其他类型的博物馆所不具备的。景区中的点睛之笔也是历史的见证，具有不可再生的文化价值。例如，第四展室前的永和号轮船是日俄战争中清政府割让领土、出卖主权的佐证，是“活着”的文物；立于蚕神庙西部的耕织图石碑，是清漪园时期天然耕织图画的一方压印，钤入了这座皇家御苑在鼎盛时期的辉煌印迹。

第一展室——开宗明义。展示皇家园林中的农事景观，涵盖天坛、先蚕坛、西苑、避暑山庄、圆明园中的祭天、祀蚕神、皇帝亲耕、园居生活等内容，以图片和沙盘模型为主。为了使游人对古代农事活动有更直观深入的了解，展室中还设有传统农具展示柜，把犁、耙、锄等农具按比例缩小，辅以文字说明，观看后对农具的用途、使用范围一目了然，起到传播普及古代农具知识、陶冶人文情操的作用。

第二展室——御园纵览。时间跨度为明中晚期至清嘉庆时期。通过文字说明、诗词画卷描述、相关古籍记载，翔实地介绍了明清时期万寿山昆明湖的名称、环境、位置等的演变过程，脉络清晰，历史层次分明。展室内设有灯箱，古籍中与耕织图有关的记载都被呈现于此，参观者能够直观阅读、了解耕织图形成发展的历史沿革。乾隆皇帝御制诗中有近 70 首作品是描述耕织图农事景观的，展室中选取其不同时期的代表作，用诗文呈现出清漪园时期耕织图树桑葳蕤、鸥鹭纷飞、机杼声闻、男耕女织、勤于农桑的生机之景。

第三展室——耕织图画。展室内左右两处为织布机和农人牵牛犁地的模型，用声光电手法再现了传统的农事生产场景，活灵活现，声情并茂，使观者产生了强烈的共鸣，拉近了观展距离。室内展柜中还集中陈列了印有耕织图标识的丝织品及不同时期的《耕织图》石刻拓片、桑叶标本等。我国最早的《耕织图》图谱是南宋时期楼琦所绘制的。它采用以诗配画的方式介绍耕织技术，言简意赅，普及程度广泛，受到后世统治者的推崇，被称为“中国最早完整记录男耕女织的画卷”，堪称“世界首部农业科普画册”。展室陈列了南宋楼琦版《耕织图》石刻拓片、清雍亲王《耕织图》，勾勒出中国古代《耕织图》图谱发展传承的主线。

第四展室——水操学堂。水操学堂是耕织图历史发展的第二阶段，也是颐和园重建的幌子。室内展览以图文为主，辅以实物、模型，如永和号轮船上配件、慈禧太后御用小火轮上悬挂的匾额、昆明湖水操学堂内外学堂的建筑模型等。主要围绕水操学堂的兴建意图、功能作用、相关人物、培养内容、覆灭原因等主题进行展示，揭示了水操学堂的历史兴衰及其与晚清风云变幻的社会局势的重大关系，向参观者道出了封建帝制走向灭亡的根本原因。

第五展室——景区新生。以图文结合的方式展示了耕织图水操学堂从初期规划设计、清拆腾退工厂房屋，至中期施工修建、最终复原完成的全部复建过程。在此过程中，复建者最大限度地保存了景区的历史文化内涵和建筑遗址价值，基本上按照建筑原位置、原风貌进行了恢复重建，一定程度上保护了颐和园园林格局的完整性，使清漪园、颐和园时期的重要景观风貌得以延续，使历史遗迹重新焕发出勃勃生机。

耕织图水操学堂——15 万平方米的室外自然景观与 1000 多平方米的室内展陈交汇融合，创造出独特的景观意境。游客漫步其中，移步换景，文景交织，留下无限的遐想空间。物质文化与非物质文化的集中展示，进一步挖掘出园林景观博物馆的历史、文化、艺术、科技等价值内涵，丰富了景区游览的内容和意义，提高了观赏品质，强化了爱国主义教育基地培养民族文化自信心的功能。

三、耕织图水操学堂的科普宣传和教育功能

作为景区中的博物馆，耕织图水操学堂展室肩负着传播景区生态人文知识、普及传统农业科技文化、宣传爱国主义精神的特殊使命，其在颐和园中的地位和意义具有唯一性和不可替代性。

（一）科普宣传功能

教育是科技发展、技术创新的动力和源泉。科普教育要从青少年抓起，从提高社会公众的科学素养入手。耕织图水操学堂景区和室内展陈兼具普及古代农业科技知识、弘扬传统农耕蚕织文化的功能，因此社教功能是它的灵魂和内核。作为进行爱国主义教育的公益性机构，景区利用大量已有教育资源，担负起青少年的课外教育与实践功能，并积极开展向公众传播终身学习的理念等活动。耕织图景区内的科普宣传工作，主要以动态导游讲解和静态展室讲座为宣教方式，通过对来访游客的年龄、职业、教育背景、旅游目的、特殊需求等进行综合调查分析，编写出针对不同受众群体特点的导游讲解词，使游览讲解内容个性化、趣味化、通俗化。同时注重讲解语言的精确性、艺术性、生动性，做到讲解内容深浅适度、雅俗共赏，吸引更多的受众群体。展室讲座也是耕织图水操学堂实现其功能的主要方式。景区利用多媒体播放设备，在第五展室中设讲座教室，每天定时播放颐和园纪录片、宣传片，游客在此休憩调整时可了解颐和园的文化精髓，感受中国古典园林博大精深的人文气息。

（二）爱国主义教育基地

爱国是永恒不变的时代主题，中华民族具有源远流长的爱国主义传统，爱国主义情怀是民族意识的集中体现。在时代迅猛发展、科技日新月异的背景下，爱国主义传统不能缺失。进入21世纪，物质文明空前

繁荣，更需要爱国主义精神作为有力的支撑和正确的引导。耕织图水操学堂是皇家农事景观和颐和园文化体系的概括与补充，是中国传统农耕文化的物质载体。颐和园以耕织图为宣教平台，加强与学校、社会的沟通合作，开展多种校外活动和公益活动。例如，举办暑期夏令营活动、主题科普日活动，以及针对特定群体的爱心夏令营公益活动等。爱心夏令营公益活动的对象为贫困家庭和打工子弟学校学生，目的是让特殊群体感受到社会大家庭的温暖与友善、接纳与认同。耕织图水操学堂爱国主义教育基地通过日常的导游讲解、展室讲座、暑期活动、社会公益活动，充分发挥其积极的宣教功能，对培养青少年的社会责任感与使命感起到了一定的作用。

四、耕织图水操学堂存在的问题及其发展设想

（一）存在问题

颐和园作为世界文化遗产，是旅游的胜地和热门地点，每年游客接待量达千万人次。随着旅游业的不断完善与成熟，游客整体素质与观赏品位大幅提升，旅游不再是囫囵吞枣式的走马观花、拍照留念，而是越发个性化、小众化，强调自身的参与性、互动性、探索性。内涵丰富、路线精致的主题文化游开始吸引更多游客的目光。耕织图水操学堂景观是颐和园中集景观、博物馆于一身的特色游览区，从开放至今，通过室内展览、导游讲解、专题讲座、定期活动等得到了社会各界广泛的关注和认可，在公众科普教育、公益宣传活动等方面也收到了良好的宣传普及效果，发挥出了爱国主义教育基地的功能和作用。

近年来，随着时代的发展和信息技术的广泛应用，耕织图水操学堂在硬软件建设方面相对单一、滞后，升级速度缓慢。在景区宣传、活动策划、经营管理等方面缺少创新理念，还未搭建起广泛的社会互动平台。以人为本的服务理念不够深入，与现代景观博物馆发展总体趋势有一定差距。结合上述存在问题，本文提出以下设想和建议，针对制约其发展的因素，找到突破口，整合各类资源，围绕颐和园整体发展目标，

依托良好的旅游发展平台，满足各类群体在旅游中多层次、多角度、多方位的需求，更好地实现耕织图水操学堂的文化、社会、经济价值，以吸引更多的群体参观体验，让这里成为公众接受教育的“终身课堂”。

（二）发展设想

1. 升级硬件设施。耕织图水操学堂室内主要以图片、灯箱、沙盘、模型、实物等为展示方式，手法单一，相对传统；现代化多媒体信息技术应用较少，参与互动设施缺乏；景区内查询导览电子平台分布不均。应适当增加多媒体动态展项，如建立3D触屏导览设施；应更多利用信息前端技术，如复原部分清漪园时期耕织图中的农事场景，以VR技术为载体，使观众身临其境，突出强烈的体验感、融入感，实现信息传递展示、加深文化记忆的目的。

2. 开发系列展览、举办专题讲座。景区长期以室内固定展览为主，展示内容相对陈旧，缺少对公众的吸引力。可以增加相关的临时展览或利用各种社会资源，举办专题讲座活动。例如，增加农业科普系列展，展示中国古代棉花图、制陶图等农业生产图谱，系统介绍古代农业科普知识。同时，还可以邀请专家学者，定期讲解与耕织图有关的文化科普知识，拓宽公众视野，提升景区工作人员的业务水平，持续加强景观博物馆的社会影响力。

3. 搭建平台以人为本。定期举办公益活动是耕织图水操学堂固有的宣教模式和互动模式，可采取“引进来，走出去”的新战略，双管齐下，搭建多元平台，更好发挥景区的宣教作用：定期组织在校学生来景区参观，除提供个性化讲解外，开发互动活动，双向交流学习，如让学生尝试耕织图刻石的传拓、亲自参与农耕蚕织等活动，突出景区作为校外课堂的特有功能；也可结合特定的纪念日、节假日，选择专业工作人员去学校进行专题讲座，组织征文、知识竞赛、书画比赛等活动，为学生提供多样化的活动参与途径，让景区科普宣教活动成为课堂学习的延伸与补充，增强学生的学习探索热情，提升其对民族文化的自信心、自豪感！

4. 文化创意产品的研发。耕织图作为颐和园重要的组成部分，景区内文创资源丰富，但长期缺乏深度挖掘，特色产品稀缺。可以立足市场、整合资源，利用景区特色，分析消费需求；尝试线上线下产品营销模式，摒除单纯复制、简单模仿的弊病，开发品质高、有内涵、富创意的旅游纪念品，把景观、历史、科技、艺术等融入其中，开发具有高辨识度的耕织图水操学堂旅游纪念品系列，如耕织图刻石书签、植物拼图、Logo 丝织品、农具挂件、水操学堂建筑拼接模型等，与颐和园文创产业相黏合，实现打包转化推广销售，提高颐和园的文化、社会与经济效益。

结语

耕织图水操学堂自开放以来就具有科普、社会教育功能，并在发展中逐步完善。近年来景区综合水平虽与现代博物馆存在一些差距，但其宣教功能和取得的成果不容忽视。着眼于景区未来的规划发展，应该继续强化“以人为本”的核心理念，提供各项适合不同游览消费需求的优质服务。依托颐和园人文环境，打造爱国主义教育示范基地，突显耕织图品牌特色，使各项展览、社会活动与观众零距离接触，实现社会分众化教育，完善耕织图水操学堂园林景观博物馆在新时期的科普和社会教育功能。

参考文献

[1] 北京市地方志编纂委员会编:《北京志·世界文化遗产卷·颐和园志》，北京出版社，2004 年。

[2] 姚安:《博物馆十二讲》，科学出版社，2011 年。

[3] 王道成:《颐和园重建之谜》,《历史档案》，2007 年第 3 期，第 128—131 页。

[4] 王潮生:《乾隆创建的耕织图景区》,《紫禁城》，2007 年第 7 期，第

76—81 页。

［5］章尚正，刘晓娟:《我国博物馆旅游的制约因素与突破思路》,《安徽大学学报（哲学社会科学版）》，2010 年第 6 期，第 131—137 页。

［6］刘玲，郭萍，陈靓:《专题博物馆旅游文创产品创新开发策略研究》,《艺术教育》，2018 年第 14 期，第 75—76 页。

［7］郭蓓:《小议博物馆爱国主义教育基地的建设》,《大众文艺》，2010 年第 23 期，第 201—204 页。

［8］故宫博物院编:《清高宗御制诗》，海南出版社，2000 年。

改革开放四十年

——博物馆记忆

北京市西周燕都遗址博物馆　高伟娇

光阴似箭、岁月如梭，转瞬之间，改革开放已经走过了40年的风风雨雨。40年来，中国社会飞速发展，人民的物质生活和精神生活均取得了长足进步，改革开放的丰硕成果惠及千家万户。在党的十九大报告中，习近平总书记这样说：“没有高度的文化自信，没有文化的繁荣兴盛，就没有中华民族伟大复兴。”正如习近平总书记所言，我们的文化自信，不仅源自中华民族生生不息的悠久历史，更源自五千年来中华民族产生的一切优秀文艺作品。

博物馆是一个很神奇的地方，虽然只有一方空间，却贯穿了古今。在这里，我们不仅可以领略名士的悠然自得，还可以感受强唐盛汉的繁荣昌盛。然而，所有的美丽都保存在那些玻璃柜里，没有灰尘的铭牌告诉了我们它们的名字，平静地叙述着它们的故事。

我出生在20世纪80年代，那时候的博物馆并不华丽，或许只是一间屋、几个展台，抑或是一座殿宇。不管如何，它们都是由最自然、最本质的东西创造而成的，清爽、古朴，一件又一件珍宝在大风大雨中为一个又一个故事撑起了一片天。它不仅是一个媒介，更是一种让现在的自己能够回到过去的力量。

20世纪90年代，改革开放的春风已在祖国的大地上吹了10年光阴，我也念完小学，踏进了中学的门槛。记得那个时候，各式各样的小洋房如雨后春笋般替代了那些一下雨就叮咚叮咚作响的瓦木房；弯弯曲曲的小道也铺上了水泥和石子，变成了平坦结实的水泥路；邻居家的黑白电视机也换成了又大又亮的彩色电视，电视里播放着各种各样的电视节目。那时候的古装剧拍摄在皇宫里，是明、清两代皇帝居住的地方，听大人讲那是紫禁城，城中之城，现在人们叫它故宫。记忆中的故宫星星点点，而那些零星的记忆也是来自平时看的电视剧和小说。

沐浴在改革开放的春风里，历史走进了新千年，我也走进了大学校园。漫步在城市的大街小巷，眼前一座座高楼拔地而起，直插云霄，博物馆也变得向数字化方面发展，更加富有时代感。博物馆成了世界上最开放的场所，更自由，更少禁忌，不仅成为连接不同种族、不同地域和不同文化背景的人的桥梁，而且承载着过去、支撑着现在、连接着未来。随着时代的发展，博物馆的数量也不断增加，博物馆的类型从历史、军事、艺术快速扩展到社区、金融、村落、技术、服饰、瓷器等各个专业领域，记录和参与了近现代人的创业史。博物馆已经成为城市的地标。

2008 年奥运会成功举办后，北京有了第一个奥运博物馆。该博物馆以传播奥林匹克文化、振奋中华民族精神为宗旨，主要通过展览、讲座、互动活动等方式，使观众更加深刻地理解奥林匹克精神和文化，同时肩负着对广大青少年开展爱国主义教育的历史重任。

改革开放是非同寻常的历史转折，决定了我们中华民族不同寻常的伟大复兴。面对博物馆的丰富藏品，观众可以在过去、现在和未来之间穿越，不仅能看到自己的影子，而且能激发新的创想，互动人间情怀。就像习近平总书记所言，中国各类博物馆不仅是中国历史的保存者和记录者，也是当代中国人民为实现中华民族伟大复兴的中国梦而奋斗的见证者和参与者。个人的生命总有一天会走到终点，但是文物和博物馆还能讲故事。关注改革开放的 40 年，关注博物馆发展，不单是怀旧，还是关注每一个人的未来，让人从历史中汲取经验教训，把未来的路走得更好更稳。

西周燕都的守望与传承

北京市西周燕都遗址博物馆　黄祖冉

> 文化是一个国家、一个民族的灵魂。文化兴国运兴，文化强民族强。没有高度的文化自信，没有文化的繁荣兴盛，就没有中华民族伟大复兴。要坚持中国特色社会主义文化发展道路，激发全民族文化创新创造活力，建设社会主义文化强国。
>
> ——习近平

我是一位刚入职两年的文博界新人，现供职于北京市西周燕都遗址博物馆。或许你会跟我入职前有一样的疑惑，馆名这么长，到底是什么意思？这是啥地方？它在哪？虽然我经过七年历史学的专业训练，但是在入职前对于考古、文物和博物馆却知之甚少，典型的文博界小白一个。但两年的博物馆工作经历却教会了我许多，使我增强了自己的文化自信，自觉担当。为了传承首都历史文化遗产，我们一直在努力。

一、文博小白的入职初体验

我工作的西周燕都遗址博物馆坐落于全国重点文物保护单位——琉璃河遗址之上，它是3000多年前周武王灭商后，在北方建立的一个诸侯国——燕国的都城遗址，也是北京地区目前已知的时代最早的一座古城遗址，该遗址的发现将伟大首都建城的历史推进到了3000年前，意义重大。了解了博物馆的相关背景之后，作为一名文博界的小白，我感觉自己身上的担子一下子重了许多。

俗话说“隔行如隔山”，一进博物馆，业务研究、展览策划、信息宣传、展厅讲解等一大堆关于工作的陌生名词纷至沓来，搞得我着实有点小懵。为了尽快适应业务工作，我恶补考古发掘报告、展览策划的相关理论书籍，编辑微信稿件，熟悉展厅讲解词。在这些工作的交叉平行中不停地穿梭，坚信天道酬勤的我虽然感觉很累但却收获满满。

感谢博物馆这些宝贵的工作经历，它让一个新入职的文博小白，慢慢地在工作中找到了平衡，慢慢地融进了文博大家庭，进而让我喜欢并爱上博物馆，并愿意投身这项伟大的事业中。现在，我到一个陌生的城市，第一选择就是参观博物馆了解当地的历史文化，这在不知不觉中已经成了融进我血液的职业习惯。

二、西周燕都的守望和传承者

琉璃河遗址从 20 世纪 40 年代首次发现以来，已经有 70 多年的时间了，其间共经历了 5 次考古发掘，一共发掘墓葬 300 多座，车马坑 30 余座，出土文物 10000 多件，包括陶器、青铜器、骨角器、玉器、漆器和原始瓷等。尤为珍贵的是，馆内还保留了两座中等贵族墓及其随葬车马坑，并于 1995 年 8 月在原址之上建成且对外开放了西周燕都遗址博物馆。如此重要的遗址却因为地理位置相对偏远，知名度和影响力不是很高。如果不是专门搞考古学和历史学研究的人，则很少知道。但正因为如此，我们文博人对遗址的守望与传承就变得更加重要。这里的守望与传承不仅仅是看家护院式的传统方式，而是在对遗址了解的基础上，认识燕国初创阶段的历史背景，理解琉璃河遗址深刻的文化内涵，对遗址区内的重要区域及出土文物如数家珍，继而用自己的方式讲好燕文化，让更多的人知晓并了解燕国初创的来龙去脉。这不仅是响应习主席“让收藏在禁宫里的文物、陈列在广阔大地上的遗产、书写在古籍里的文字活起来”重要讲话的指示精神，更是新时代对文博工作者的要求。

不得不感慨时间真是把双刃剑，它在尘封悠久历史记忆的同时，又给了我们一扇窗，让我们通过历史文献和考古资料重新揭开历史的神秘面纱，向世人诉说曾经的沧海桑田、世事变迁。很荣幸，恰好我们就是这样一群肩负历史使命的文博人。我们伟大的祖国在迈进新时代的同时也给文博人提出了新的时代要求，作为文博人我们要紧跟时代的步伐，将西周燕都守望并传承好。我深知这不是一句简单的口号，需要我们从每一件小事做起，慢慢搭建一个框架，并用一生去充实丰盈它。

感恩博物馆给我这样一个机会，让我能够走近历史、走近燕国，用恰当的方式将燕文化传播出去，尽量满足每一个走进博物馆观众求知的渴望，帮助他们认识和了解燕国，努力做好燕文化的宣传员，希望自己能不辱使命，在守望中传承古燕国悠久灿烂的文化。之所以有这样的想法，跟我的工作经历有莫大的关系。因为从进馆之始，我就参与了展厅周末值班讲解的工作，也得以有了很多与游客直接接触的机会。我们通过问卷调查的方式得知，他们大多都是喜爱历史的博物馆达人，喜欢通过参观博物馆的方式学习历史，因此我们文博人的文化传播就变得异常重要。不仅如此，这些观众还通过各种方式给我们提出很多宝贵的意见，我觉得这些都是激励文博行业向前发展的动力。

三、继往开来的西周燕都

琉璃河遗址虽然经历了五次考古发掘，发掘墓葬的数量也很多，但是以中小墓葬为主，大墓数量比较少。究其原因，可能是因为当时做考古勘探的时候，发现大墓基本都压在黄土坡村宅基地的下面，没有办法做进一步的考古发掘工作。

但是在新时代琉璃河遗址迎来了它的机遇，遗址之上的董家林村和黄土坡村将要进行整体搬迁，到时候考古发掘工作将会继续，或许会有许多新的实物资料来丰富燕文化的内涵，同时也为遗址公园的规划建设打下良好基础。

但对于文博人来说，挑战也无处不在。琉璃河遗址是比较早建立遗址博物馆的，距今已有 23 个年头了，馆舍的硬件设施和展陈环境已无法满足新时代文博行业的要求，遗址内还有很多重要的遗迹等待我们文博人做更多更好的展示，因此大遗址公园的规划建设也提上了日程。虽然道路曲折蜿蜒，但终点是一片光明的未来，继往开来的西周燕都，需要几代文博人艰苦卓绝的努力付出。

我是一个文博新人，两年的时间很短，短到我只接触了文博行业的冰山一角；两年的时间又很长，它见证了我进入文博行业的点点滴滴；博物馆空间很小，小到我只能从历史遗迹遗物中窥见当时的社会面貌；博物馆空间又很大，大到我可以有广阔的思维天地。非常感谢博物馆的工作经历，它教会我在不断的时空交错中体会历史文化的变迁，认识到中国文化的博大精深、源远流长，在不知不觉中增强了我的文化自信，坚定了我为西周燕都的守望与传承做出自己贡献的决心。

西周燕都守望者，认真、勤奋、有思想！

西周燕都传承者，有你、有我、有大家！

我与博物馆共成长

——我的博物馆记忆

北京市西周燕都遗址博物馆　杨　雅

我出生在20世纪90年代的燕山石化，是一名标准的“90后”。从记事起，爷爷就带着我在燕山的各种厂区间穿梭，石化区长大的孩子自然对这些工业建筑并不陌生。说起我对博物馆的记忆还是小时候，那是我第一次走进博物馆。记忆中的博物馆有说不完的故事和看不够的风景：大门两侧的玉兰花迎风摇曳，院子里边的银杏叶黄了又绿，路两旁的月季花千娇百媚，库房前的海棠花恣意绽放，好似人间仙境。

我读小学时，曾跟随爷爷来到燕山的凤凰亭踏青，那时候的我还不知道它的渊源。说起凤凰亭，它是一座重檐攒尖顶的石砌碑亭，亭内竖有清雍正九年（1731年）石碑一方，阳书“圣德光昭西山仪凤碑铭”。亭内石碑既不是功德碑，也与佛事无关。传说当地天降祥物，禽如凤凰，好事官员好大喜功，自诩寓意国泰民安、施政仁德、人心所向，故修建了纪念“凤凰来仪”的凤凰亭，博得朝廷好感。石碑碑文有如下记载：“至首至治之世，百职修奉，和气充盈，黎民偏德。天用锡以嘉祥四灵徵，诸福之物莫不毕至，其绩之也……雍正八年正月二十日，房山县西山之上，朝阳方升，有彩凤翔然来仪，高数尺，尾长丈余，五色缤纷，众鸟拱卫。官吏及居民观者千余人。”碑文还追溯了上古仁德皇帝当政时也有此种祥瑞之禽出现的事例，借以称颂雍正时期的仁德政绩。当时这些经历，让我的同龄人羡慕不已。

博物馆是学习的场所，是让人对知识产生向往的地方。多年来，参观博物馆的时候我总会跟在志愿讲解员身后，听他们解说文物。上初中时，在一个慵懒的冬日午后，我和母亲来到了位于北京市房山区琉璃河的北京市西周燕都遗址博物馆，那是我第一次遇见这座城，她是北京城的发源地。当走进第二展厅的时候，看到很多人围拢在一起，我也跑过去看。原来是讲解员正在给观众讲解，只见她坚定的目光中带着一丝柔和，一边指着文物讲解，一边看向后面的观众。送走这批观众后，我问这位讲解员："现在是中午，天气又冷，您为什么还讲得如此仔细？"她说："每一批来馆参观的观众都是第一次来，我们有责任让他们听到最好的讲解。"讲解员的一番话深深地触动了十多岁的我，这得是多么热爱这座博物馆的人，才会有如此强烈的责任感啊！

从小跟随爷爷参观文物古迹和博物馆的我，对历史产生了浓厚的兴趣。在读高中的一个暑假，我约上儿时的玩伴一起去山里乘凉。我们一路沿着燕山的化工厂区骑行，来到了位于燕山西北山里的白水寺。白水寺，原名白水兴隆寺，俗名大佛寺，建寺年代不祥，明成化元年重修。古寺现存无梁殿和三尊石雕像，据说寺内石佛是北京保存最大的石佛像。无梁殿坐北朝南，砖石结构，平面呈正方形，殿内三尊花岗岩石佛像，中为释迦佛，高 5.8 米，面部丰圆，两耳垂肩，身着袈裟，两手持印，脚踏椭圆形莲座。两旁二胁侍，左阿难，右迦叶。同时，白水寺也是北京市文物保护单位。

那年暑假将要结束的时候，我又一次来到了白水寺。听我爷爷他们一辈的老人说，白水寺后面的山顶上有一石柱，单独耸立并凿于山顶巨大岩石中，塔高约 5 米，建筑年代不详，也许建于元代。塔体上半部的石柱呈三层塔状，当地人也称其为"拴马桩"，传说与北宋杨家将守关有关——石柱拴过杨六郎的战马，他曾站在那里观察敌情。我和小伙伴们站在山顶，眺望远方，想着若是在那个烽烟四起、战火纷飞的年代，杨六郎于此，他会想什么呢？定是荡气回肠的英勇诗篇，是可歌可泣的保家卫国之心。

2017年7月，我大学毕业，有幸到北京市西周燕都遗址博物馆工作。之前来这里参观过两次，那时候对这座神秘的燕国都城非常向往，我走过田野、麦地、枫树林，去看燕国的古城墙遗址，看到她存在过的痕迹。对这座博物馆熟悉了之后，我知道了琉璃河遗址包括今董家林、刘李店、黄土坡、洄城、立教、庄头6个自然村，东西长约3.5千米，南北宽约1.5千米，面积为5.25平方千米。琉璃河西周燕都遗址由城址和墓葬区两部分组成。在我们国家目前的西周早期各诸侯国考古中，这种既有城址又有贵族墓葬的遗址，在全国来说是独一无二的，它的发掘在学术界具有重要意义。为此，琉璃河遗址于1988年被国务院颁布为第三批国家级重点文物保护单位。

2018年夏天，我来到北京市西周燕都遗址博物馆工作已经一年了。有假期的时候，我常带表弟表妹来馆里参观和做手工。站在城墙遗址旁，给他们讲述燕国这座古老的都城的起源，她的兴衰荣辱还有那些被岁月掩埋的痕迹。我还会带着家中的小辈们去博物馆里过暑假，带他们走过小时候爷爷领着我走过的文物古迹和博物馆，将这种对于历史文物的喜爱传承下去。

改革开放40年来，首都的各类博物馆沐浴着解放思想的春风快速发展。在北京这片土地上，有将近200座博物馆正在展示着北京这座古老而又现代的城市的过去和未来，繁荣的历史从未中断过。中国的博物馆诞生百余年来，从门前冷落到门庭若市，与社会大众的结合日益紧密，数以万计的志愿者走进博物馆，提升自己，服务他人。如今，我也成为一名博物馆工作人员，我会用自己热忱的心去对待这个职业。作为一名新时代的“90后”，我要发挥自己的优势，为博物馆的发展贡献自己的一份力量。

博物馆人在工作中要“以保护文化遗产、弘扬中华文化为己任；以奉献社会、服务人民为宗旨”，因为只有牢记宗旨，不忘初心，才能做好各项工作；要践行中国博物馆事业的创办初衷，保护文物，辅助教育，善待文物。因为每一件文物都镌刻着中国精神和民族灵魂，是传承中华优秀文化的载体，是实现中华民族伟大复兴、树立文化自信的源泉。

回望与北京市西周燕都遗址博物馆这一年多的相守时光，是美好而充实的，终于圆了自己儿时的一个梦——长大后可以和文物打交道，能在博物馆里工作。我很庆幸自己可以赶上改革开放 40 周年的脚步，也将沐浴在新时代的春风里，不忘初心，砥砺前行。

讲述文物背后的故事

北京市法海寺文物保管所　孔　蓉

两年前，我非常幸运地加入了一支专业的文博队伍，成为法海寺文物保管所的一名基层文保工作者。

法海寺壁画在我国的壁画史上享有极高的地位，可以说是代表了明代壁画的最高成就。工作之便，我经常会面对壁画，每每仰视那精美绝伦的壁画，都会让我产生无限震撼之感。这隐藏在北京西郊山中的壁画，究竟埋藏了多少秘密？挖掘壁画背后的故事，成为我心中一个永远追求的目标。法海寺壁画对我来说充满了魅力，这魅力在于它充满了神秘感，有许多未解之谜，亟待探索与破译。

从小我就是一个充满求知欲的人，但长大以后我才知道，作为当代的青年人，光有求知欲是远远不够的，还要有求真欲。特别是作为一个文博人，更要努力去破译、解开文物背后的故事。法海寺壁画属于政治、历史、宗教、艺术、皇家文化的结合体，但寺里现有的馆藏资料非常少，学术论著匮乏，缺少相关史料的佐证。这使得后人对法海寺壁画的杜撰特别多，有些说法值得推敲，有些理论仍需考证。所有这些观点综合下来，使我深切地感到破译壁画的秘密尤为重要，挖掘古人的智慧，贴近古人的思想，对我们来说任重而道远。

在日常的壁画学习过程中，我感悟颇多，收获颇多，并逐步产生了自己的一些想法和推测。法海寺壁画有着传统绘画脉络，技法深厚娴熟，生动展现了当时画师对绘画艺术的真实领悟与深刻认识，并有诸多奇妙的理论与技法穿插其间，极富研究价值。我以一个非专业人士的角度，做了如下研究，列几个方面陈述：

首先，壁画中有许多一笔多用的地方。举两个例子：一处是北墙上跟随妙音天三只动物的眼睛。三只动物分别为金钱豹、狮子、狐狸。三只兽类从外形上看属于写实画法，但细看它们的眼睛，就有玄机了——三只动物的眼睛都很像小鸟，眼角部位恰好就是小鸟的喙，动物的眼睛恰好还是动物。这种设计使得动物在天神的感召下显得十分顺从，眼神里似乎带有人类的情感。另一处是在佛像的背景图“祥云图”中，西侧的“祥云图”右下方有一朵云，形似人头，细看之下便是一位西方老者侧面的剪影。额头、眼睛、鹰钩鼻子、蓬松卷曲的头发，每一处细节都体现了人面的特征。这两个小例子可以充分说明，画师作画是极具心思的，画技更是十分了得。这种一笔多用技法，不知道在其他地方有没有发现过，说不定法海寺壁画还是它的原创首发呢。

第二，壁画里有许多高深的画法。现举一例：众所周知，法海寺大雄宝殿内的十铺壁画之中最有名的一铺画，非水月观音莫属。观音身上最传神、最吸引世人眼球的地方，就是从观音头冠上开始往下覆盖、遍布菩萨周身的那层薄纱。薄纱设计严谨，功力深厚，极具智慧与难度。薄纱内遍布六角雪花图形，雪花晶莹剔透，大小均匀，观者无不为之惊愕！我时常会思考或与前辈讨论这些小雪花到底是怎样画出来的。是一朵一朵画上去的吗？还是用什么巧妙的方法画上去的？经过和大家一起深入分析，我们猜想画师当时画草稿时应该是先画线打格子，打好格子后之找出线与线之间的交点，毗邻的七个交点就是小雪花的中心点和六个顶点。交点找好后，相邻的交点之间用极细的曲线连接，这样便构成了一朵雪花的基本雏形。这轻纱薄如蝉翼，细如蛛丝，让人觉得随着菩萨的呼吸，这层纱在微微飘动。当然，我们对薄纱画法的研究，只是一种猜测，还不太成熟，今后我们还需要获取更多的史料去研究和考证。

如今，我在法海寺工作已近两年时间，脑中仍然有无数疑问盘旋萦绕。有的问题甚至连那种模糊的答案都尚未推测出。比方说：我发现普贤菩萨那铺壁画左下角的驯象人所穿的服饰比较值得探究。文殊菩萨右下角的驯狮人穿的是铠甲。驯象人与驯狮人同为胡人，又都是驯兽师，为何装束如此不同？驯狮人穿武士铠甲腰间佩戴鱼形宝刀，一身短打，相貌精悍。这身行头，驯起狮子来不难理解。但是反观驯象人却身披蟒袍，属于典型的官员服饰了（另有一说是藩王服饰）。驯象人腰间也配有革带，但是由于其自身袖摆遮挡，加之壁画年代久远，已无法辨认其腰间所配的是何种材质的装饰板。是不是玉带，已无从考证。但无论怎样，穿着蟒袍驯象，似乎不太合情理。后来我通过研读一些文献发现，法海寺的兴建人太监李童在法海寺落成的七年后，获得了当时朝廷的最高赏赐——皇上亲自御赐蟒袍玉带。王公贵族们对此无不垂涎。读到这条信息的时候，我非常惊讶，难道驯象人的服饰对李童后来的仕途有什么暗示色彩吗？二者之间仅仅是巧合，还是有什么深意在里头呢？

另外一个疑惑之处是在西墙的“佛众赴会图”上，图上从左至右第二组人物分别是普贤、地藏、观音、文殊四位菩萨之坐像。四菩萨身后、脸后都有背光，或者说是佛光。四位脸后的背光颜色均为青蓝，身后背光除了地藏菩萨，也均为青蓝色底色。唯独地藏菩萨身后背光呈现淡月色，接近白色，这是为什么呢？不仔细看真的很难发现，顺着这奇特颜色的背光往壁画下方看，便是三朵出淤泥而不染的莲花。莲花色彩鲜亮饱满，花瓣的颜料极具光的质感。后来我又在老照片中发现，这莲花正前方，也就是地藏菩萨的正下方的石台之上，正对着十八罗汉的其中一位。难道是要突出这罗汉的与众不同？还是本身地藏菩萨有奇妙之处，画师才会画出这奇特颜色的背光？这些疑问都是值得我们推敲和破译的。

最后，作为文物工作者，在破译文物的奥秘以后，还要“讲好”文物背后的故事。法海寺壁画流传下许多未解之谜，后人众说纷纭，谁对谁错，我们无权去评说。只能用我们最大的能力去守护文物，去伪存真，无限接近史实，这才是我们当代文博人的使命所在。

作为一个后辈，我的文保生涯才刚刚启航，文物始终带领我在一条正确的道路上前进，照亮我前方的征程。虽然我也常会遇到解不开的难题，常在心中泛起阵阵难以填补的失落感。但是，我不会气馁，我会利用各种机会，静下心来去寻找、去观察、去思考、去记录。或许在不久的将来，我会向那些壁画背后的古人们会心一笑，在心底说一声："希望我没有亵渎先贤的智慧与英明。"

"路漫漫其修远兮，吾将上下而求索。"愿我们每个文博人都能推开彼岸那扇大门，发现沉默的文物为我们彰显的那片无比绚烂的广袤天地。

石景山的乡愁，北辛安城市记忆博物馆

石景山区文化委员会　贾卫平　李北海

北辛安地区历史悠久，人文背景丰厚，是新中国成立初期石景山区党政机关所在地，也是当时石景山区政治、经济、文化、商业的中心，店铺林立，经济繁荣，有石景山区“小王府井”之称。随着石景山其他地区经济的发展，其经济重心逐渐转移，北辛安成了“本市最大的棚户区”“长安街沿线最后的棚户区”，成了石景山人心中的“乡愁”。三代北辛安人眼里，这片故土有着讲不完的故事。随着石景山区北辛安棚户区改造工程的有序推进，一座留存老建筑、留存城市记忆的博物馆逐渐浮现在人们的眼前。

一、有温情的建筑，有记忆的城市

北辛安曾经的辉煌，留下来许多让当地人骄傲的建筑，首钢、区政府、新华书店、电影院、百货商场、北辛安小学的足球场……随着首钢搬迁，北辛安经济的辉煌逐渐湮没在历史的记忆中。北辛安棚户区改造后，如何对曾经的地标性建筑进行有效保护成为当前的重点。

如何保存有温度的建筑，保存有记忆建筑的原真性和完整性，留给石景山一片文化景观，使之成为石景山区居民追思乡愁、品味流年的倚阑望乡处，是当下文委工作的重中之重。通过征求广大居民的意见，并听取专家的建议，区文委精心挑选了五处具有时代特征和石景山生活节奏的老建筑，分别是：石景山区政府、石景山工人俱乐部、石景山区供销社生产资料供销处、新华书店和中新药店。这五处建筑的共同特点是：有历史价值和社会价值，寄托了几代人的记忆、情感和乡愁。在如何保护五处老建筑方面，区文委经过多方论证，提出了以下建议：一是五组建筑整体迁移，建设石景山城市记忆博物馆，充分展现“红色记忆”元素，体现石景山区革命精神和红色历史；二是博物馆设计细节要符合时代特征，要强化功能作用，充分考虑迁移后的使用性质，沿街建筑风格、空间布局、色彩搭配、路面材质、交通工具选择、通信设备展示等要充分符合时代风格。三是根据新址地理、地质情况，建议夯实记忆建筑地基、标高挑高 50 厘米以上，防止雨水倒灌。同时，邀请古建专家对施工方案进行了充分的论证，最终形成了《北辛安记忆建筑迁移方案》。

二、有温度、有记忆的城市建筑博物馆

北辛安城市记忆博物馆占地 6000 平方米，东西长 100 米，南北长 60 米，总建筑面积 1073.5 平方米，南北东西分别设置四处出口，以还原道路原本走向为原则，北侧设置开放式和平街，南侧设置开放式北辛安街。依据相对方位不变原则，缩放五处记忆建筑，中间空地设置和平广场。

博物馆以“城市记忆”为主题，充分展现“红色记忆”元素，集中体现新中国成立后五六十年代石景山区政治、经济、文化、社会和城市发展的历史。通过这座城市记忆博物馆，石景山区可以更好地挖掘城市的文化内涵，丰富城市的文化底蕴，铸造城市记忆，留得住乡愁，守得住文脉。博物馆的设计者提出了以“两条线、五建筑、十元素”为主架，分“室内、室外”两个展区的城市记忆博物馆建设构想。

（一）室内部分

利用“五建筑”，建设“三馆、一场、一书屋”的城市记忆博物馆

专题馆。

1. 老区政府（城市发展馆）

以新中国成立后五六十年代石景山区政府的历史沿革和石景山区社会发展为主题，通过照片、实物、沙盘和还原部分办公场景等形式，展示石景山区的城市发展和首钢工业文明发展的艰苦历程，留住石景山区在党的正确领导下逐步发展的红色记忆。

2. 生产资料供销社（经济发展馆）

设置“体验式”陈列馆。以开放性、互动性方式陈列不同时期的北辛安商业老字号、生产、生活老物件，观众可以近距离触摸展品，感受石景山区不同时期的经济发展历史，从中感受社会发展和时代变迁给百姓生活带来的变化。

3. 北辛安药店（国医国药馆）

北辛安药店与和平广场相结合，集中展示国医国药和中华传统强身健体项目。设置国医国药陈列馆、强身健体体验区。

4. 工人俱乐部（怀旧剧场）

设置红色经典电影放映区和文创产品、文艺影视作品创作展示交流区，为开展爱国主义教育，提升我区文创产品、文艺影视作品的制作水平提供平台。

5. 新华书店（阅读书屋）

开设阅读室和古旧藏书陈列室，以收集当代各时期图书，尤其以收集介绍石景山区的人文历史书籍为重点，为普通民众读书和了解石景山历史提供便利场所，为古旧书籍交流提供便利场所。

（二）室外部分

以“两条街、五建筑、十元素”为核心内容，在坚持原材料、原结构、原形制、原工艺的“四原”原则下，恢复街景、胡同、广场、绿地的原有时代特征，以期达到整体记忆建筑的和谐一致，在完善使用功能的前提下，在新址上充分展示 20 世纪五六十年代的历史场景。

1.“五建筑”

依专家意见以“四原”为原则整体迁建，以求最大程度保存历史信息，使其得以延续，并于迁建后在不影响外观原真性的同时进行适度结构整体性加固。五处记忆建筑与沿街添配的街道周边的景观门头、墙体，采用与历史同时期建筑形制，采用传统材料、传统工艺砌筑，以求最大程度还原历史街巷风貌。外立面色彩保持统一，绿地与空地合理搭配，在不失年代特征的前提下，兼顾使用功能。

2.“两条街”

保持街道的原有走向，街道、胡同肌理与原状相近即可，不求完全一致。在兼顾建筑与环境相互协调的同时，满足拟迁地点规划绿地的场地条件。沿街道路路面、广场空地要烘托出时代感。街道上设置老胡同、老门楼等历史感极强的文化元素，让身处其中的北辛安老住户、老石景山人能真切地回忆起老街景、老风貌。

3.“十元素”

一是以老邮筒、老电线杆、老树等元素为重点，为胡同、门楼安装门牌标识。对于不能实体展示的老建筑，以恰当的方式在地面直接钉放老门牌号。二是绿化所用树种、花草沿用历史上北辛安街所栽种的植物品种，绿化防护带不使用鹅卵石、大理石等较高端石材，直接铺设青石等传统石材。三是记忆雕塑以展示 20 世纪民俗文化为原则，选用铜、石等常见材质。节日活动场景、日常活动形态要贴近百姓生活。四是在和平广场，在不影响使用功能并综合考虑时代特征的前提下，放置老交通工具中的“飞鸽”牌自行车、三轮摩托车，老通信设备中的传真机、电话机等老物件。

目前，北辛安记忆建筑主体迁移工程已经完成，蔡奇书记在石景山考察工作时，专门到迁移工程现场进行考察。在了解石景山区促进区域生态修复情况，看到老建筑被平移在绿地之中成为景观后，他感慨地说，老建筑中蕴含着记忆和乡愁，在城市发展中要创新思路保护利用好。

在下一步深化设计中，北辛安城市记忆博物馆将进一步挖掘“城市记忆”背后所代表的丰富的城市文化素材，尝试更多的传播形式，比如互动式、体验式，并考虑相关科技技术的支持，如微信二维码导览导游系统、交互式展览展示系统、基础设施建设和参观路线的动态导览设计等。未来的北辛安城市记忆博物馆将会成为北京市城市文化建设的历史地标和爱国主义教育基地。

近四十年国内博物馆藏品来源及风险防控

北京艺术博物馆　杨小军

从博物馆的发展史来看，早期博物馆的功能是为了收藏和保护好藏品。随着博物馆的发展及人们对其职能的认识不断深化，博物馆的其他功能如社会教育、藏品研究、展览展示等得到拓展。今天学界对博物馆进行定义时基本都会将“征集、收藏、保护、研究、展示人类活动和自然环境见证物”这些核心关键词收纳进来。可见，真正现代意义上的博物馆是集收藏、保护、研究、展示、教育等功能于一体的有机结合体。追根溯源，从博物馆诞生之初的功能，发展到今天现代意义的博物馆，对“藏品”的重视是始终如一的。可以说，“藏品”是各个时代所有博物馆开展一切工作的物质基础，是发展博物馆事业的核心内容和工作抓手。

我国博物馆对藏品的重视程度，同我国政治、历史和文化的发展始终息息相关。新中国成立以来，我国博物馆的发展经历一系列变化和三个重要的阶段：第一阶段为新中国成立后的前 17 年（即 1949—1965 年）；第二阶段为“文化大革命”期间及改革开放前夕（即 1966—1977 年）；第三阶段为改革开放至今的 40 年间（即 1978—2018 年）。

在第一阶段，新中国成立后，百废待兴，党和政府对博物馆建设极为重视，不仅制定博物馆管理办法，积极改造旧型博物馆，建立新型博物馆。还着手培养新中国博物馆专业工作队伍，在全国范围内大规模地开展保护、征集文物运动，博物馆按照“为人民服务”的宗旨，积极走向大众，融入人民生活，迎来我国博物馆事业发展的第一个高峰。

第二阶段大约持续了10年时间。1966年，全国范围内开展了如火如荼的“破四旧”运动，许多文物成为当时的“革命”对象，大量古迹等不可移动文物被拆毁，一些珍贵的古籍、文献、字画等可移动文物也被焚烧、造纸，不少被查抄的文物还被当时的外贸部门作为工艺品“收购”，用于出口换取外汇。连偏远的新疆、西藏等地的文物在这场运动中也未能幸免于难，中国的博物馆事业受到严重破坏。所幸当时中央也认识到了问题的严重性，颁布了一些保护文物的重要文件，如1967年5月14日的《关于在无产阶级文化大革命中保护文物图书的几点意见》等，起到了一定的挽救作用。此外，当时的博物馆工作人员和文物工作者还从金属冶炼厂、废品回收站中拣选、抢救了不少文物。

第三阶段就是改革开放至今的40年间。此阶段博物馆的主要工作波澜壮阔，卓有成效，可以划出几个明显的时间节点。在改革开放初期，博物馆的主要工作是对此前“文化大革命”期间在思想上、政策上和实际工作中的乱象进行拨乱反正。例如，1977年8月国家文物局在大庆召开“文博图工作学大庆座谈会”，开始了揭批和反思，提出了五条方针性意见，其中针对“文革”中对文物藏品的破坏，就指出要“认真抓文物保管工作”。同年10月，国家文物局在苏州召开的博物馆文物保管工作座谈会上再次强调了博物馆藏品保管工作的重要性，制定了《博物馆藏品保管试行办法》等法规，有力地推动了藏品管理的整顿。此外，中国博物馆还积极融入世界博物馆建设中去。1983年，以孙轶青为团长的中国博物馆代表团出席在伦敦召开的国际博协第13届大会，恢复了中国在国际博物馆界的席位。中国博物馆在国际博协中既广泛传播国内的发展信息，也努力汲取成功经验，推动了中国博物馆新的发展。此阶段，中国博物馆的数量出现较大增长，自1980年至1985年，平均每10天全国就新增一座博物馆，仅1984年一年就新增博物馆151个。除了数量上的增长外，此阶段中国博物馆的发展还呈现多样化、专题性的态势。

自2011年始，中央通过《关于深化文化体制改革，推动社会主义文化大发展大繁荣若干重大问题的决定》，将“文化大发展大繁荣”作为当前我国的文化战略稳步、有序地深入推进，博物馆事业成为这项文化战略的直接受益者，博物馆的发展得到了社会各界的更多关注，博物馆的数量较以往更是急剧增加。各省、市、地、县纷纷新建属地博物馆；各行各业配合系统内部工作增建行业博物馆；纪念类、民族民俗类、艺术类、考古类、自然类、地质类、高校类等多类型博物馆得到大发展，仅高校类博物馆就已高达 100 多座。此外，全国范围内主题性博物馆的建设也遍地开花，大量企业、个人也筹建了为数不少的私人博物馆。

自 1905 年中国首座现代博物馆（南通博物苑）建成至今，国内博物馆增长的相关数据表明（见附表 1），中国博物馆呈现出井喷式高速发展态势。尤其是改革开放后随着中国经济、文化的高速发展，国内的博物馆数量由 1978 年的 349 家迅速地增长至 2017 年的约 5000 家。博物馆数量激增，一方面意味着我国经济文化实力极大增长，一方面也意味着需要大量馆藏品源源不断地充实进来。这就给博物馆藏品来源的安全性带来潜在风险，藏品来源的安全机制建构就显得极为迫切和重要。如何对今天博物馆藏品来源安全进行风险防控等问题，就需要每一位博物馆人去认真思考。

一、国内博物馆获得藏品的主要方式

我国自 1905 年建成第一座现代博物馆以来，就极为重视博物馆的藏品来源，通过多年来的不断摸索，形成了一条相对稳定的获得藏品的渠道。通常表现为以下几种主要方式：第一，旧藏；第二，拨交[①]、移交[②]、交换、拣选、捐赠、征集；第三，田野采集、发掘；第四，制作；

① 编者注：拨交，指经主管部门批准调拨或主管部门指定其他单位拨交，其中又可分为无偿拨交与有偿拨交。

② 编者注：移交，指公安、海关、工商等执法部门移交罚没的文物、标本。移交时发生过办案补偿或奖励经费的，应注明经费数额。

第五，其他。由于各博物馆都有各自不同的类型，每个博物馆都有着各自不同的发展定位，加之同一博物馆在不同发展阶段中对馆藏品的需求也不同。因此，各博物馆在获取藏品方式上也各有偏重。总体上来看，新中国成立以来，依据我国博物馆获取藏品的主要方式可划分为两个不同的历史阶段。

（一）以计划统筹为主导的藏品配置方式阶段

由于博物馆行业的特殊性，以计划统筹为主导的藏品配置方式，与我国实施计划经济的历史趋向基本吻合，但在时间上略有滞后。在这一时期内，国内基本上是国有博物馆，性质单一，政府是博物馆文物资源配置的主导性力量。当时主要通过政府相关部门拨交、移交、交换，以及民众捐献、考古发掘等方式，将各类文物资源配置给各博物馆。1982年11月19日公布的《中华人民共和国文物保护法》第五章第24、25条规定："私人收藏的文物，除了送到文化行政管理部门指定的单位收购，其他任何单位或个人都不得经营文物收购业务。"这便通过立法的方式基本上杜绝了博物馆藏品的其他来源。因此，在这一阶段内，国内博物馆藏品来源大多数由"拨交、捐赠、考古发掘"三大版块构成。以北京艺术博物馆为例，该馆藏品来源基本上反映了当时国内博物馆获得藏品途径的面貌，可以说是观察国内国有博物馆藏品来源的一个样本。1985年北京艺术博物馆筹备建馆，通过其上级主管行政部门——北京市文物局拨交的文物，约占该馆总藏品量的80%以上。以该馆的绘画类藏品为例，在总共3391套藏品中，3381套藏品是通过北京市文物局1987年的拨交获得的。所谓拨交，通常是指经由主管部门批准调拨或主管部门指定其他单位拨交，其中又可分为无偿拨交与有偿拨交两类，北京艺术博物馆拨交的藏品属于前者。

除政府主管部门拨交外，民众捐献也是此阶段博物馆藏品来源的另外一个重要途径。随着生活水平的提高，人们参与公共文化服务的意识不断增强，国内外越来越多收藏家向国内博物馆捐赠藏品。例如，1992年北京艺术博物馆就曾接收到德籍华裔收藏家仲铮女士捐赠的

438 套藏品。

此外，考古发掘物也是国内博物馆获得藏品的重要途径。我国地大物博，地下文物埋藏量很大。配合国内基本建设，通过考古发掘，每年均有大量地下文物出土。因各地域文物出土量不同，各博物馆这部分藏品来源所在比例千差万别。例如，北京艺术博物馆就在 2010—2013 年间陆续获得北京市文物考古所考古发掘的大部分毛家湾瓷片和龙泉务窑瓷片。

当然，公安、海关、工商等执法部门移交罚没的文物、标本，也是博物馆获得藏品的重要途径。自 2011 年至今，北京艺术博物馆就曾多次接收从北京海关移交罚没的文物及标本。这在其他博物馆藏品构成中，也极为常见。

（二）市场参与文物资源配置时期

随着改革开放的深入、市场经济的不断发展，国家开始逐步开放文物市场，甚至私人博物馆也不断涌现。各博物馆的藏品资源由过去国家计划统筹为主导的单一配置方式，转向以国家计划统筹为主导、结合市场参与文物资源配置的方式。在这一时期，全国大量博物馆开始通过文物市场去获取所需藏品。包括国家文物局、故宫博物院、中国历史博物馆等国家部委机构及部属博物馆，首都博物馆、上海博物馆等市属博物馆，以及郭沫若纪念馆等纪念性博物馆，都曾通过文物市场购买藏品。这种情况此后更是逐渐增多。

通过文物拍卖会补充藏品在国外博物馆早已十分普遍，但在我国起步较晚。其中，1992 年是个关键节点。1992 年，北京国际拍卖会的组织者将北京文物商店、中国文物商店总店提供的 2188 件文物推到了拍卖会上。这场拍卖会的成交量虽仅有 300 多万，但对我国文物政策影响巨大。它加速了后来文物保护法的修改、补充、嬗变，以及文物市场的合法化。针对这一新情况，1994 年，国家文物局随即下发了《关于文物拍卖试点问题的通知》和《文物境内拍卖试点暂行管理办法》，国内部分文物市场、拍卖企业取得了文物经营权。直至 2002 年国家颁发新版《中华人民共和国文物保护法》，以及次年国务院令公布《中华人民共和国文物保护法实施条令》，文物市场、拍卖企业正式取得了合法地位。迄今为止，全国取得文物拍卖资质的公司已高达 300 多家，北京有近百家。文物市场有条件地开放，给博物馆藏品来源带来了各种可能，其贡献与挑战是同步进行的。

由于改革开放后国内博物馆数量激增，通过国家调拨、移交、交换及民众捐献、考古发掘获取藏品的方式凸显不畅。虽说我国每年通过考古发掘出土文物的数量庞大，但地域差异较大，发展不平衡。例如，北京这座千年古城，可供考古发掘的空间极其有限，加之北京博物馆数量高达 200 余家，僧多粥少，各博物馆通过考古发掘获取的有价值藏品非常有限。更多博物馆将获取藏品的方式转向在文物市场进行征购以及有偿捐赠。日益兴起、活跃的文物市场，正好为各博物馆藏品来源提供了新的补充途径。仍以北京艺术博物馆为例，其 3391 套绘画类藏品中，有 10 套绘画作品是 2001 年通过文物市场购入的；馆藏 1800 余套外国艺术藏品大多数为 20 世纪 90 年代中后期于文物市场购买所得。这些藏品中日本艺术品占大宗，大多为该馆从流散京津及辽东地区的社会上的日本艺术品中选购出来的，其中包括幸野梅岭、富冈铁斋、桥本关雪、竹内栖凤等日本画大师的代表作。同样的藏品购入情况在辽宁省博物馆①、旅顺博物馆②也都存在。这批流散在民间的日本艺术品，是抗战时期日本高官和富商们在日本投降后遗留下来、未来得及带走的。目前来看，北京艺术博物馆、辽宁省博物馆、旅顺博物馆、天津艺术博物馆等几家博物馆的日本画几乎都来源于北京、天津、大连、沈阳、长春、哈尔滨等几座城市。这些城市当时都有大量日本人生活过，所以遗存的日本艺术品数量较多。

除自由买卖的文物市场外，国家在一定程度上也允许以拍卖会的形式流转文物。很多经济实力雄厚的博物馆就通过这种形式获得了所需藏品。1995 年秋季拍卖会，故宫博物院在徐邦达先生力主下，以 1980 万在

---

① 张锋:《辽宁省博物馆藏日本画》,《收藏家》，2000 年第 9 期。

② 房学惠:《旅顺博物馆藏日本画管窥》,《收藏家》，2006 年第 4 期。

瀚海购得北宋张先《十咏图》，开辟了国有博物馆通过拍卖市场补充馆藏品的先河。此后，更多的国有博物馆通过拍卖市场购得了大量藏品，补充了馆藏品来源（见附表 2）。附表 2 所见仅为国有博物馆通过拍卖会购买藏品的只鳞片爪，我国国有博物馆通过文物拍卖会这一渠道补充藏品来源的情况越来越多，十分普遍。其中不少拍品都成为国家一级、二级、三级文物藏品。1992 年以后，之所以越来越多的国有博物馆选择通过文物拍卖会这一途径补充藏品来源，可能有以下几点有利条件：

第一，随着改革开放后国家经济实力的不断增强，国家在文物事业上加大经费投入，为国有博物馆购买藏品提供了经济基础；

第二，国家相关文物政策及时跟进，提供了政策保障。例如，1992 年国家文物行政管理部门推出“海外回流文物允许复出境政策”，促使流散海外的中国精品文物大量回流；而《文物管理暂行规定》中“国家对文物拍卖企业拍卖的珍贵文物有优先购买权”，则保障了许多流散民间的珍宝归国家所有。类似的还有 1996 年国家文物局发布的《关于加强文物拍卖标的鉴定管理的通知》中“定向专拍”等条款，对拍卖文物重归国家所有提供了有力的政策保障。

第三，通过文物拍卖会补充国有博物馆藏品有其独特的渠道优势。例如，拍卖会上文物集中，购买方选择空间更大，可以提高博物馆藏品征集工作效率。此外，拍卖行业“公开、公平、公正”的拍卖原则，也在一定程度上限制了暗箱操作等弊端。

二、博物馆藏品来源的多元性带来的风险及其防控

市场经济的力量是不容忽视的，市场参与到文物资源配置中，就意味着文物必然要形成市场，文物市场必然会变成一个投资领域。市场首先关注的是商品的“投资回报率”，文物也不例外。文物的唯一性和不可再生性注定其价值体系建构的复杂性。在不法商人的推波助澜下，文物市场肯定会将文物的经济价值放在首位，“造假成风”必然随之而来。今天国内文物市场之“假”表现在了诸多方面：第一，赝品多；第二，

假拍多；第三，故意联手做局，哄抬文物价格的情况多。由此形成了今天文物拍卖市场泥沙俱下的复杂局面，加之现行相关拍卖法规尚待完善，其中不少漏洞为不法商人所利用。例如，《中华人民共和国拍卖法》第 61 条规定："拍卖人、委托人在拍卖前声明不能保证拍卖标的真伪或者品质的，不承担瑕疵担保责任。"这虽是国际上根据拍卖业特点确定的惯例，是建立在企业诚信和反对商业欺诈的基础上对拍卖公司经营的保护，但也被不少拍卖公司利用，作为文物赝品进入拍卖会的保护伞，并堂而皇之将其推向市场。

在这种市场背景下，博物馆通过拍卖会补充藏品来源，必然加大了文物入藏的潜在风险。因此，博物馆藏品征集部门必须要警惕拍卖市场的各种"造假"。此外，近年针对博物馆的藏品"捐赠"行为中屡屡曝出大量赝品，也需格外谨慎。由于捐赠者的"公益"行为，往往容易让收藏单位放松警惕。博物馆作为非营利性社会公共服务机构，是保藏人类活动、自然环境见证物的场所。它的一项重要职能就是为公众提供正确的知识，公众通过欣赏其藏品获得教育，这是博物馆的重要任务。本着为大众负责的态度，如何从源头上管控好藏品的真伪优劣，如何加强藏品来源的风险防控，是今天的博物馆必须重点关注和亟需解决的问题。

（一）加强监管力度，严格藏品标准，强化鉴定环节

我国各文物主管部门、各博物馆对社会文物入藏都有相关的严格规定，有各种严格的考核机制。社会文物入藏国有博物馆，通常会由上级文物主管部门聘请文物、博物馆及相关专家学者组成文物鉴定咨询组，不仅要鉴定入藏文物的真伪，还要对拟入藏文物的历史价值、艺术价值和科学价值进行评价，并依据专家组的价值评判对拟入藏文物进行定级。专家组的鉴定与评估，一方面为博物馆藏品征集、保护、管理和执行有关文物保护法规提供了依据，另一方面也为入藏品最终负责任地呈现在公众面前提供了保证。

如果严格执行博物馆文物入藏的程序，绝大多数赝品或达不到博物

馆入藏标准的文物应该在鉴定环节中被过滤掉。然而，近年频频曝出不少收藏单位入藏赝品的闹剧，一方面当然有其客观因素——我国是个文物大国，博物馆需要补充的藏品数量庞大，相关鉴定组织、鉴定人才仍很缺乏；但另一方面，更多的原因是博物馆藏品征集时鉴定环节的缺失，或执行不严格。这种人为因素对于博物馆藏品来源极易形成一种灾难。近年媒体热炒的冀宝斋博物馆赝品风波、浙江师范大学陶瓷艺术馆涉假、北师大校友邱季端向母校捐献六千件中国古陶瓷精品涉假、浙江美术馆“中国古代金铜佛像艺术特展”涉假等一幕幕闹剧表明，不少收藏单位藏品及展品广受社会质疑的现象仍然大量存在，并非孤例。因此，博物馆藏品入藏必须强化鉴定环节，严格藏品标准，相关文物主管部门也应加强监管力度。

目前我国最权威的文物鉴定机构是国家文物鉴定委员会，此外各地文博机构也有一批鉴定人才，拥有相当的鉴定能力。在此基础上，可以尝试建立具有普适性的全国入藏品鉴定体系。当地方上的鉴定藏品出现争议时，可送到上级鉴定机构进行重新鉴定。若出现重大争议，还可以提交国家文物鉴定委员会或者临时组建专门的专家组进行鉴定。此外，还可以鼓励一些具有资质的社会鉴定机构补充到这个鉴定体系中来。与此同时，还需要研究一种机制，来确保鉴定机构、鉴定专家与拍卖行或藏品持有者之间没有利益关系。只有这样，才能保证藏品鉴定环节的公平性和独立性。

在将来条件成熟的时候，针对我们的藏品鉴定同样需要立法。至少目前我国尚无一部规范鉴定工作的专业法规。专业法规、权威鉴定机构、科学鉴定程序的有机结合，将会对弥补鉴定领域的纰漏、杜绝博物馆藏品来源的风险发挥巨大作用。

（二）守住学术底线，不被市场裹挟

博物馆作为公共文化机构，其服务对象是参观者。博物馆的藏品、展览陈列是给观众提供的服务产品，它与蔬菜市场、建材市场、布匹市场等其他市场的消费品不同，观众的收获主要在博物馆之外。博物馆的

观众中有相当数量的收藏爱好者，当这个群体在博物馆接触到错误文物知识后，往往会把钱装进文物造假者的荷包里。因此，本着对公共大众服务的宗旨和负责任的态度，博物馆从业者应该守住学术底线，不被市场裹挟，为社会大众提供正确的文物知识。如果博物馆从业者也受市场经济影响，以挣钱为先，弱化甚至忽视文物本身的真伪及艺术性，不仅是对文物本身价值的漠视，更容易让文物造假者钻了空子。

文物知识浩瀚无边，博物馆从业者、鉴定家们都有各自擅长的领域，术业有专攻，再高明的专家也有看走眼的时候，这本不该求全责备。然而，近年的媒体报道中，不乏部分博物馆从业者、鉴定家们唯“利”是图，为赝品、次品入藏博物馆保驾护航。他们这种行为不仅侵害了博物馆的声誉，更极大地损害了自己的名誉。如果博物馆工作者在对入藏品尚未了解、也无研究的情况下，守不住学术底线，一旦遭遇“利”字的诱惑，被市场裹挟，往往容易指鹿为马，听任别人摆布。

（三）明确博物馆自身定位，深刻理解藏品的“场所精神”

近年由于新建博物馆剧增，博物馆藏品征集中常常出现僧多粥少的局面。各博物馆都感慨能够丰富馆藏的社会文物越来越少，征集也越来越难。自 1992 年始，历经多年的拍卖，社会精品文物已被挖掘一空，缺少新的文物资源。加之许多财力雄厚的藏家、企业参与拍卖购藏，拍卖行、社会藏家因为获得拍品的途径越来越难而降低了出货减仓的想法等多方面因素，拍卖市场的精品文物逐渐减少。在这种情况下，各博物馆首先一定要明确自身的定位，其次还要深刻理解藏品的“场所精神”。

1. 明确自身定位，制定适合自身的入藏标准

各博物馆是单一入藏某类藏品，还是综合性地入藏各类藏品，首先必须制定好符合本馆的入藏标准，作为区分其他博物馆入藏品的主要依据。时至今日，全国虽无统一的藏品标准，但历史价值、艺术价值、科学价值等仍是藏品优劣的重要指标。各博物馆应在明确自身定位前提下，鉴选入藏品，不能泛泛地将旧物、老物件入藏。此外，还应深入了

解已有藏品与待入藏品之间的内在联系，要用群组的理念来丰富馆藏。否则，博物馆之间盲目地争夺藏品资源，只会造成馆际之间“贫富差距”的加剧，不仅不利于中小型博物馆和私人博物馆的文物入藏，还会进一步哄抬文物市场的价格。

全国国有博物馆中，央地共建的大型博物馆，和每省一家的省级博物馆，都可称之为大馆，占全国博物馆总量的 1% ～ 2%，他们“地”大、“物”博、“人口”众多，文物事业发展经费充裕，实力雄厚，在获取藏品能力上具有绝对优势。其他 98% ～ 99% 的中小型博物馆规模小、藏品少、条件弱。如果各博物馆没有自己清晰的定位，对各自获取藏品是十分不利的，必将导致将来博物馆馆际藏品上的“贫富差距”不断加大。各博物馆只有立足于本馆的定位和已有藏品特色，打造具有自身特色的藏品收藏体系，制定符合自身的藏品标准，才能保证博物馆藏品来源的可持续发展。

2. 深刻理解入藏品的“场所精神”，努力了解入藏品的原境意义

原境文物一旦入藏博物馆，其语境随之发生变化，它在原境中的“场所精神”也必然随之发生转变。巫鸿在《美术考古的理想》中说：“按照《保护世界文化和自然遗产公约》，人们应该即刻停止对各类文物的随意移动，但我们如何处理在《公约》制定之前，甚至很久以前已经移动了的碑刻、雕塑、壁画甚至整个建筑呢？其实许多被移动的文物已经被赋予了第二次，甚至第三次生命，成为迭次出现的具有突出的普遍价值的建筑艺术综合体的组成部分。”可见，《保护世界文化和自然遗产公约》就是强调文物在原境中的“场所精神”。近年来我国大量建设的遗址博物馆就是遵循的这种理念。例如，陕西秦陵兵马俑博物馆就是在秦陵遗址上建成的博物馆。这种原境陈列的方式无疑是最理想的文物展示方式，但这种展示方式对场地、资金、工作人员等各方面都有更高要求，大多数博物馆很难做到这一点。

因此，各博物馆在征集藏品时，应该预先加强拟入藏品原境的考察，探索入藏品陈列场所改变后，其功能意义可能会发生的变化，以及该入藏品在不同场所中观看方式的变化。今天的文物研究、展品陈列，除了尝试

按类型、时间顺序的框架进行研究之外，在藏品原境中恢复其存在方式，让观者可以很清楚地看到藏品的原始面貌，值得藏品征集人员借鉴。

结语

改革开放40年来，我国博物馆从之前的门可罗雀，到今天的门庭若市，这种发展势头好转的时间其实并不太长，因此我们更应该珍惜今天博物馆的来之不易。近年来，在国家“文化大发展大繁荣”的文化战略下，博物馆越来越受到各方面的重视。藏品来源的安全关乎每一个博物馆的发展和声誉，能否管控好馆藏品来源，是衡量一个博物馆发展水平、工作能力、社会效益的主要标志，做好博物馆藏品来源的风险防控是十分紧迫和必要的。

附表1　中国博物馆数量增长的几个数据

时间（公元纪年）	数量（家）
1905年	1家（南通博物苑）
1935年	77家
1949年	21家
1978年	349家
1996年	1219家
2008年	2300家
2010年	3415家
2011年	3589家
2012年	3866家
2013年	4165家
2014年	4510家
2015年	4692家
2016年	4873家
2017年	约5000家
……	……

附表 2　国有博物馆通过拍卖会购买藏品举例

购买方（国有博物馆）	时间	购入渠道	购入藏品	购入金额
故宫博物院	1995 年	嘉德拍卖	清·石涛《竹石图》	
	1996 年	瀚海拍卖	明·沈周《仿黄公望富春山居图》	880 万
	2003 年	嘉德拍卖	隋·索靖《出师颂》	2200 万
首都博物馆	2000 年	瀚海拍卖	宋·佚名《梅花诗意图》	880 万
	2000 年	瀚海拍卖	明·吴纳《孔子与七十二贤图》	15 万
	2000 年	中贸圣佳拍卖	清·郑燮《手书五经册》	550 万
	2002 年	中贸圣佳拍卖	唐·阎立本《孔子弟子像》	800 万
	2002 年	中贸圣佳拍卖	明嘉靖·素三彩观音像	184.8 万
	2004 年	中贸圣佳拍卖	清·顾洛《蚕织图卷》	341 万
	2004 年	中贸圣佳拍卖	清·王炳《倩园八景 燕京八景图卷》	132 万
中国历史博物馆	1996 年	瀚海拍卖	清乾隆·银合金兽面铺首	8.8 万
	1996 年	瀚海拍卖	金代·“榆次县孟家井烧来”铭款榆次窑玉壶春瓶	4.81 万
	1996 年	瀚海拍卖	清乾隆·官窑广彩开光人物碗	2.2 万
	1996 年	瀚海拍卖	钤印“教育部中央观象台颁发历书之印”的 1915 年刊本《洪宪元年历书》	0.2 万
	1996 年	瀚海拍卖	《影印四库全书四种》	0.22 万
	1996 年	瀚海拍卖	《京张铁路摄影集》及詹天佑致黄锡臣书札	3.08 万
	1996 年	瀚海拍卖	唐·苏敬撰《新修本草存十卷》	7.7 万
郭沫若纪念馆	2001 年	瀚海拍卖	三件郭沫若书法精品	11.8 万
	2001 年	瀚海拍卖	宋·刻本《春秋经传》	159.5 万
国家文物局	2002 年	中贸圣佳拍卖	宋·米芾《研山铭》	2999 万
上海博物馆	1997 年	嘉德拍卖	“翁氏藏书”中宋刻本 11 种 150 册，元刻本 4 种 50 册	450 万美元
	1997 年	嘉德拍卖	宋·《淳化阁帖》	450 万美元
	2000 年	嘉德拍卖	宋高宗·《养生论》	880 万
	2002 年	嘉德拍卖	钱镜堂藏《明代名人尺牍》	990 万
	2005 年	中贸圣佳拍卖	清·金陵八家高岑《江山无尽图卷》	506 万

讲好文物背后的故事

——让文物“活”起来，让文物自己“说话”

北京市西周燕都遗址博物馆　董　瑜

西周燕都遗址是琉璃河遗址的中心和最重要的部分，分为城址和墓葬区两大区域。琉璃河遗址是迄今西周考古中发现的唯一一处城址、宫殿区和诸侯墓地同时并存的遗址，有着极为重要的学术价值。同时，它作为3000多年前北京城市的源头、西周燕国的都城所在地，又具有重大的历史意义。

北京早有“三朝古都”“四朝古都”“五朝古都”的说法，琉璃河遗址的考古发现，打破了过去人们对北京建都历史的认识，使北京作为都城的历史上溯到了3000多年前的西周初期，也揭示了一些过去鲜为人知的重要历史问题，使我们对一些问题有了新的认识。

北京西周燕都遗址博物馆就建于该遗址之上。遗址于1979年被列为北京市文物保护单位，1988年被国务院颁布为第三批国家重点文物保护单位，1997年被正式列入“夏商周断代工程”的重要组成部分。琉璃河遗址已写入《北京城市总体规划（2016—2035年）》，这说明琉璃河遗址即将迎来第六阶段的考古发掘。

“鼎天鬲地”的馆文化让文物“活”起来

我馆开拓新思路，借助“顶天立地”的“鼎”“鬲”文字谐音，巧

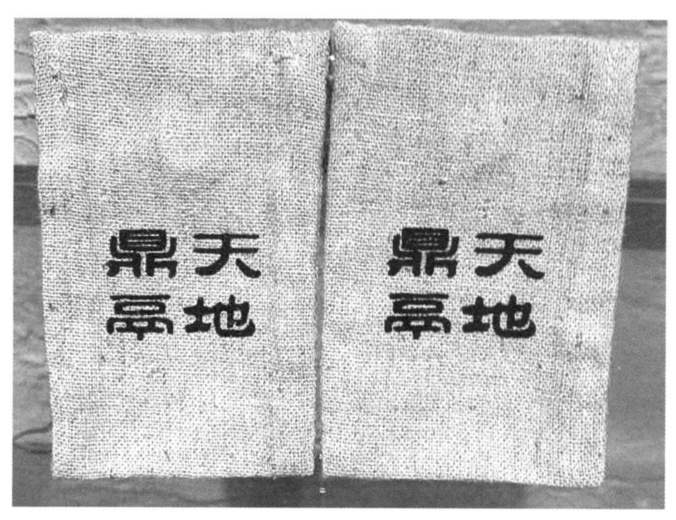

图 1　鼎天鬲地

妙地将琉璃河遗址出土的馆藏器物“堇鼎”和“伯矩鬲”与中国人“顶天立地”的民族气概联系在一起，从器物演变佐证文明起源与发展，将天地阴阳的周而复始与中华民族的伟大复兴联系起来。

“鼎”是我国青铜文化的代表，本是古代的烹饪之器，用以炖煮和盛放鱼肉，后发展为传国重器，是国家和政权的象征。历商至周，人们都把定都或建立王朝称为“定鼎”。

堇鼎：出土于M253，口稍向内敛，口沿外折，方唇，直耳，鼓腹，兽蹄形足。两耳外侧各饰一组两头相对的龙纹，口沿下饰一周兽面纹带，纹带由 6 条扉棱将鼎周等分为 6 段，每段各以扉棱为中轴之鼻、额组成兽面纹。

鼎腹内壁铸有铭文 4 行 26 字，记述的是燕侯派堇（人名）前往宗周（今陕西岐山、扶风一带）为太保奉献食物，在庚申之日，太保为堇的辛劳赏赐给他贝币（西周时期一种货币），堇用这些贝作了已故太子癸的宝尊鼎。该鼎口径 47 厘米，通高 62 厘米，重 41.5 千克，是北京地区发现的最大、最重的青铜礼器。

田敬东老师回忆：“一直发掘到很深都出水了，还没有见器物，当时有些同志都想放弃了，又出水了又见不着东西，挖这么深还见不着东西，当时可能有人想试试。试试拿洛阳铲再扎扎，看看里边有没有东西。往下一扎正好扎在器物上，因为考古人员有这手感，探铲碰上东西碰不上东西，它手感不一样。他往下一扎可能正好扎在青铜器上了，有东西，大伙的精神都来了，虽然出水了，但是下边又有东西，那就肯定没白挖，放弃这个念头，又重新被点燃了就继续挖，但是很可惜，出水太多，里面的水抽不干。最后我们工作人员，只好在水里挨着摸，摸着一件像铜鼎、铜盘、铜盉，在什么位置，就赶紧告诉岸上的一个同志，负责记。记录铜鼎出来的在什么位置，像堇鼎当时还不知道叫堇鼎，就叫大铜鼎，个也比较大。大铜鼎没法往上拿，因为有水，嘬劲比较大，搬不上来，两个人往上拽都拽不上来。上次葛英会先生说他当时发掘的时候都是用倒链拴上绳子倒，当时绳子都给拽折了。”正因为有一代代考古学家在琉璃河遗址年复一年的辛苦付出，才有了一件件国宝的现世。

“鬲”出现于新石器晚期，是我国古代特有的陶制炊器，用于烹煮谷物。鬲的发明，使我们的祖先正式从生食进化到熟食，对人类进化与社会发展起到至关重要的作用。

伯矩鬲：出土于M251，器身、器足、器盖、盖钮皆以牛面为纹饰，在雕刻技术上有浮雕也有立体雕刻。鬲的三个袋足为中空，浮雕出三个牛面，牛吻部内收而额部前倾，作牛斗状。牛面有鼓起的大鼻和如铜铃般的巨目，两只粗壮的角向上方跷起，与相邻的牛角两两相对，给器物增添了森严的气氛。盖、钮各由两个牛头向背组成。盖上四只牛角稍稍翘出器耳上方，使器盖中部自然下陷。立体雕刻的双牛盖钮，在凹陷处突然竖起，组成一个完整和谐的整体。

盖内铸有铭文“在戊辰，燕侯赐白矩贝，用作父戊尊彝”，大意为：在戊辰这一天，燕侯赏赐伯矩一些贝，伯矩用这些贝为死去的父亲戊做了这件宝器。这件造型独特、纹饰奇妙的青铜器，口径 22.9 厘米，高 33 厘米，重 8.25 千克。在国内出土文物中较为罕见，是一件具有重要历史价值和艺术价值的珍品。

伯矩鬲被当时的考古工作者称为牛头鬲。葛英会老师回忆：“伯距鬲在堇鼎的西北方向，大概有 30 米这样的距离，因为那是一个车道沟

（发掘现场），这个出堇鼎的地方（M253）在沟的中间，那个（M251）是向前走30米，靠路侧的一个断崖上头，那个断崖的底部，那个大概也就挖了半米深，就出了伯距鬲，有一半是挂在悬崖上头，把土切下去，然后在平面的地方又挖了大概有半米深，就看见器物了。”

“鼎天鬲地”的馆文化为“堇鼎”和“伯矩鬲”两件青铜器赋予了全新的生命和意义，让文物“活”了起来，将传播中国传统文化与新时代精神有机地结合在一起。以“鼎”“鬲”的文字谐音，我馆将琉璃河遗址出土的器物与“顶天立地”的爱国主义精神联系起来，将先辈开疆拓土的辉煌历史与创新发展的时代责任联系起来，鼓励青少年敢于创新、勇于担当。

习近平总书记曾说：“青年是国家发展的栋梁，要有强烈的国家复兴担当，主动承担国家发展的重任。”理想信念是共产党人的精神之“钙”，也应是青年人大脑之“维生素”。我馆是爱国主义教育基地，针对高三学生组织了“成人礼活动”，他们怀揣18岁的梦想，在“鼎天鬲地”文化背景墙前举行独特而难忘的成人礼仪式。活动以“责任”为主题，设置了宣读誓词、学生心声、颁发证书、老师寄语、馆长嘱托和共同祈愿等环节。18岁的他们从青涩走向成熟，从少年迈向成年，“鼎天鬲地”的文化内涵激励着他们把握好高考前的每一分每一秒，敢于拼搏，勇于担当，做有理想信念、勇挑重任的青年一代！

让文物自己“说话”

历史都是深埋在地下的，真相需要被挖掘出来。1986 年 10 月 4 日至 11 月 30 日在北京市房山区琉璃河西周燕都遗址发现的 1193 号大墓，震惊了当时的考古界，将燕文化的研究推向了高潮。此墓是目前为止琉璃河遗址发现的最大的墓葬，带有四条墓道，出土了克盉、克罍（现藏于首都博物馆）这样一对造型奇特的青铜器。它们的出现揭开了北京城 3000 多年的建城史迷雾。

考古学家田敬东老师回忆：“1193 号大墓比较特别，中间是方形大墓，四角有四条墓道。带有墓道的墓，主人身份地位一定不低。很可惜的是在墓室中央有一个圆形墓坑，一直盗到墓底。”尽管 1193 号大墓曾被盗掘，但仍出土了各类随葬品 200 多件，包括礼器、工具、兵器、车马器、漆器、货贝、装饰品等，由此可见最初这座墓葬中的随葬品有多丰富。

克盉（hé）：形状好像现在的茶壶，其盖缘和器颈部的纹饰均以飞棱为中心，呈对称鸟纹，长尾飘逸。铜盉是盛水或盛酒器，主要用途是盛水以调酒，出现于商代早期，盛行于商代晚期至西周。克盉盖内，器口内侧各有铭文 6 行 43 字。

克罍（léi）：形状像一个坛子，肩上有突起的圆涡纹 6 个，腹部是兽首衔环双耳，器盖纹饰也是如此。罍是大型盛酒器或盛水器，见于商代晚期，流行至春秋时期，数量不多。克罍腹侧有小襻，用于倒酒，器盖器口内壁各有铭文 6 行 43 个字。

两件器物器盖内壁都铸有相同铭文 43 字，王曰：“太保，唯乃明乃鬯(或心)，享于乃辟。余大对乃享，命克侯于匽，事(启中)……微(上山中一下几)。克（宅）匽，入（纳）土有司（繁体），用作宝尊彝。[①]”

① 陈平：《再论克罍、克盉铭文及其有关问题——兼答张亚初同志》，《琉璃河遗址与燕文化研究论文集：纪念北京建城 3060 年》，科学出版社，2015 年，第 56 页。

图2　克盉

图3　克罍

铭文大意：太保，你用盟誓和清酒来供奉你的君王。我非常满意你的供享，命（你的儿子）克做燕国的君侯，统领羌、微等六族。克到达燕地，接管了土地和政府机构，为了纪念此事铸造了这件宝贵的器物。其中“命克侯于匽”这句话，引起了考古专家的关注，把周初燕国史的研究推向了高潮，说明了实地就封管理燕国的应为召公的长子——克。两件酒器的出土，为我们确定琉璃河遗址为西周燕国的始封地提供了可靠的物证，同时也证明了1193号大墓就是燕侯克的墓。

中国，“文物”一词联系在一起使用，早见于《左传》。《左传·桓公二年》记：“夫德，俭而有度，登降有数，文物以纪之，声明以发之；以临照百官，百官于是乎戒惧而不敢易纪律。”之后《后汉书·南匈奴传》又有：“制衣裳，备文物。”以上所说的“文、物”原指当时的礼乐典章制度，与现代所指文物的涵义不同。到了唐代，骆宾王的诗“文物俄迁谢，英灵有盛衰”，杜牧的诗“六朝文物草连天，天淡云闲今古同”中的“文物”，其涵义已接近现代文物的涵义，所指已是前代遗物了。而今，“文物”一词已经成了价值不菲和“陈列品”的代名词。

文物的价值是客观的，是文物本身固有的。文物主要有历史价值、艺术价值和科学价值。文物的作用，是文物价值的具体体现。文物对社会起到的作用主要有教育作用、借鉴作用和为科学研究提供资料的

图 4　43 字铭文

作用。

保护和传承文化遗产，是全社会的共同责任，更是文博人义不容辞的责任。博物馆是非营利性机构，对公众开放，为社会发展服务，以学习、教育为主要目的。文物在博物馆中的价值、作用应从教育向传承倾斜，文博人应努力激活文物的生命力，把跨越时空、超越时间的文物魅力与工匠精神联系起来，推动创造性转化为创新性的重大发展。

我们创新工作方式，“让文物自己说话”。克盉、克罍的精美图案不应仅仅停留在展柜中，而应该让更多的人触摸到、感受到它们的美。因此，我们馆设计了以青铜器克盉、克罍图案为原型的石板模具。体验者首先在宣纸上喷水，再通过敲打使宣纸和石板模具之间紧密接触，纸上便拓印出了克盉、克罍图案中凹凸的花纹和图案，接着再沾上墨汁，反复敲打花纹，精美的花纹和图案便跃然黑白之间，充分调动起体验者的视觉、听觉、触觉，让体验者亲身感受青铜器之美，触摸到五千年的历史文化和西周时期精益求精的工匠精神，激发了他们主动寻找、聆听文物自己“讲故事”的热情。

克盉、克罍与 3D 打印技术碰撞出了科技火花，诞生了 3D 打印克盉、克罍香薰台灯。香薰台灯的“身高”接近青铜器原物，体重忽高忽低，通体雪白。功能为台灯和香薰，特点为节能、省电、貌美。克盉、克罍从琉璃河遗址的 1193 号大墓中走入了琉璃河燕都遗址博物馆的展柜中，又从展柜中袅袅地走进千家万户。克盉、克罍从酒器到拓片、再到香薰台灯，其价值从贵胄的“酒器”再到时下的“香薰台灯”，是今人对历史文化的传承和对当代精神文化的发扬。

克盉、克罍不仅仅是北京三千年建城史的实物证据，也是科技跨越式发展实现的“中国梦”，更是中国人五千年深厚历史底蕴的文化自信。克盉、克罍在我们身边静静地“讲述”着它们的“身世之谜”，给我们以启示，给后人以启迪！“让文物活起来”，让文物自己“说话”，在保护中发展、在发展中保护！

从一件苗族蜡染衣说起

——“千年窝妥——丹寨苗族蜡染文化特展”展览札记

中国民族博物馆　向林锋

缘起

让更多的人了解蜡染，了解贵州丹寨，了解苗族历史文化；

让贵州苗族蜡染能够走出深山，融入现代生活；

让苗族人独特的审美理念和生活方式，能够为现代都市生活提供一种范式参考；

这是我们团队策划这个展览的初衷。

穿越历史的眼睛

苗族是一个历史悠久的民族，创造了丰富灿烂的文化遗产。丹寨县地处苗疆腹地，是中国著名的蜡染之乡，拥有贵州省最多的蜡染传承人，作品以纹样题材丰富、风格古朴、造型多样和工艺特别而著名。中国民族博物馆收藏了 3000 多件苗族文物，其中蜡染服饰近百件。如何将丹寨苗族蜡染完美地呈现给观众，成为我们首先考虑的问题。

为了深入了解丹寨苗族蜡染，我们策展团队于 2015 年底和 2016 年初两次赴贵州省丹寨县开展苗族蜡染文化的人类学田野调查，深入走访了丹寨县蜡染制作企业及杨武、排倒莫、基加等蜡染技艺传承较好的村寨，通过参观、访谈、摄影摄像等形式采集了大量信息，征集到了国家级、省级苗族蜡染技艺传承人蜡染作品100余件。在这种历史文物与现实生活的来回穿越中，我们惊喜地找到了穿越历史的眼睛，便是那丹寨苗族人画在蜡染衣服后背上流传千年不变的一组图案。当苗族老人对着我们严肃地说“这是老祖宗留下来的，只有我们这里人有，永远不能变”的时候，我们深切地感受到一种雄厚沉稳的力量。

这是一组8个似旋涡的纹样，它们有规律地组合成为一个圆形图案。回到博物馆，我们在馆藏清末蜡染衣上也找到了同样的图案。我们策展团队陷入了一连串的沉思中：为什么这个图案只在丹寨有？它为什么亘古不变？这个图案有着什么特殊意义？从有限的资料中我们得知，它叫“窝妥”纹。

什么是窝妥

蜡染，是我国古老的传统纺织印染手工艺，至今仍然在苗族、布依族等西南少数民族生活中留存。贵州丹寨蜡染纹样以自然形态和几何形态为主，主要取材于自然界的花、鸟、虫、鱼等物，以夸张、变形、组合等方式创造出蝴蝶纹、漩涡纹、蜈蚣纹、鱼鸟纹、龙纹、梨花纹、铜鼓纹等。这些纹样我们都能在生活中找到参照物，唯独资料里提到的“窝妥”纹让我们产生了疑惑。为了解开这个谜团，我们再次来到丹寨。著名学者韦文扬先生这样告诉我们：“‘排倒莫’（地名）这支苗族语言称‘务图’或者‘窝妥’，都是指蜡染服，其中‘务’或‘窝’，都专指衣服，而‘图’或‘妥’，指的是染，或蜡染。应该肯定地说，‘窝妥’不是指一种纹样，而是专指称蜡染衣服。”如果这个类似漩涡的纹样不叫“窝妥”纹样，那又该叫做什么？

韦文扬先生在《永远的图腾鸟》一文中提出一种观点，“被排莫（地名）苗族妇女们背负到现在的这幅鸟图腾图案继承和发展了河姆渡的双鸟朝阳纹图案，意思是八只鸟围着天极转”，“生活在丹寨地区的苗族是一个崇尚鸟图腾的部落”。如果说韦文扬先生的观点给了我们一个新的想象空间，那么，复旦大学人类学系的博士生导师李辉先生则从考古人类学的角度进行了阐释。他认为，这个纹样与大约 7800 年前起源于湘西的高庙文化有关。到底“窝妥”上的纹样与哪个文化形态有关？为什么在遥远的大山深处，苗族同胞一直捍卫着这个他们的老人家不让改动的纹样？她的密码到底是什么？我们决定以此为视角，回望千年，策划一场不一样的展览。

一场色香味俱全的展览

我们策划团队属于馆里的文创部门，从一开始，我们就想着用文创的理念去办展览。考虑到蜡染技艺仍然在西南少数民族中广泛存在，是一门鲜活的艺术，我们决定采取“薄古厚今”的方法，抛开常规的大量使用馆藏文物作为展品的做法，另辟蹊径只是以一件画有“鸟图腾”图案（有待进一步论证）的馆藏清末蜡染衣为线索，大量展出蜡染传承人的现代作品和融合现代时尚元素设计的蜡染文创产品，以此追溯和感知苗族人悲壮而辉煌的发展印记，同时展现千年窝妥的古韵今风。为了让展览内容更加丰富，我们将本次展览打造成了一个以展览为核心、特色市集为亮点、研讨会和画册出版为学术支撑、互动活动为辅助的“多位一体”文化产品。在各方支持下，“千年窝妥——丹寨苗族蜡染文化特展”于 2016 年 7 月 19 日至 7 月 25 日在北京民族文化宫顺利开展了。

展览：作为产品的核心部分，本次展览共展出中国民族博物馆馆藏清末苗族蜡染衣 1 件、贵州省丹寨县蜡染传承人代表作品 50 余件，以及融合现代时尚元素设计的蜡染文创产品 50 余件，分享了蜡染技艺传承人背后的故事，利用微电影、音视频等辅助手段，让观众在参观和互动体验的过程中，探索苗族千年来在北上、南撤、西迁的历程中传承下来的蜡染文化和鸟图腾文化，感知苗族蜡染的深刻文化内涵以及传承背后的感人故事。

研讨会：探寻“窝妥”纹样的寓意是我们策划本次展览的切入点，为了更加深入探讨研究，我们在展览现场举办了专题研讨会，来自中国社科院、首都高校、文博界、媒体的近十名专家学者和丹寨苗族蜡染文化传承人，就本次展览和苗族鸟图腾文化进行了历史、考古与民族学的综合研讨。研讨会专家的发言内容经弘博网、今日头条等网络媒体报道后，再次在网上引起了大家的关注和讨论。

特色市集：为了向观众推广“丹寨味道”，我们专门设置了“丹寨特色产品市集”展厅，组织了10家丹寨县特色产品企业代表携带产品现场展示，让北京市民在“长安街上赶丹寨集”。现场可以品尝米豆腐、凉拌米粉、甜酒等丹寨特色食品，采购有机硒锌米、茶、生态鸡蛋、木姜籽、折耳根以及银饰、蜡染品、苗绣、石桥古纸、芦笙、鸟笼等农特产品和文创产品。观众现场采购的热情很高，据初步统计，参展企业实现销售收入120012元。很多企业所带产品在前两天便销售一空，随之带动了各参展企业网店的销售。

旅游推介会：展览开幕式之前，我们举办了“云上丹寨 大美非遗”丹寨旅游推介会。丹寨县领导向媒体记者和观众介绍了以苗族蜡染、古法造纸、苗族锦鸡舞、苗族贾理、苗族苗年、苗族服饰、苗族芒筒芦笙祭祀乐舞7项国家级非遗为代表的民族文化资源和龙泉山、高要梯田、打鼓井、排廷瀑布、猫鼻岭森林公园等风景秀美的生态旅游资源，以及“云上丹寨”自然生态和民族文化旅游战略规划，向外界发出了“相约未知地带，品味云上丹寨”的盛情邀请。

传统与时尚对话：我们在北京悦馆·观澜湖艺术生活空间，组织了来自丹寨县的苗族蜡染非遗传承人与北京美术、影视、模特界的艺术大咖就“蜡染文化艺术”进行了一场传统和时尚的对话，大家就非遗和时尚跨界结合的空间和未来进行了深刻讨论。

授牌：开幕式上，丹寨县领导向北京市民族学校颁发了蜡染传承基地牌匾。双方将进一步合作推进丹寨蜡染进校园，组织蜡染传承人走进校园辅导学生创作，促进苗族蜡染文化在都市中的传承。

讲好故事

有了好的展览，还需要好的宣传。

一是要找到好的宣传载体。我们与电视、报刊、网络等媒体平台充分合作，努力营造展览宣传氛围。中央电视台10套、13套，北京电视台、光明日报、人民网、新华网、中国网、中新社、中国文化报、中国青年报、中国民族报、北京晨报、首钢日报、人民政协报、中国国际广播电台、《时尚北京》杂志、《中国民族》杂志等38家媒体对活动进行了报道，百度搜索“千年窝妥”的相关新闻达到了10100多条。同时，我们还开通了“千年窝妥”微信公众号，发布了展览预告、丹寨各项非遗、研讨会概况、展览回顾等共20篇信息，微信点击量超过1.4万人次。

二是找准宣传切入点。我们利用“千年窝妥、传承、百苗图、特色市集、丹寨、传统与时尚”等关键词进行宣传，抓住了展览亮点与观众兴奋点的交汇处。同时，我们在宣传中始终坚持突出展览的现实意义，让观众既学习了民族历史文化知识，又近距离体验了丹寨蜡染的艺术魅力，引起了观众的共鸣，出现了很多观众连续几天到现场观展和体验蜡染创作的现象。

三是把握好宣传节点。为了保持宣传的持续性，我们以开幕前、开幕式、重要领导参观展览、撤展等重要时间为节点，以研讨会、时尚对话等重要活动为话题，对展览进行了连续报道宣传。在开展之前，特展就成为北京市民的热门话题，很多市民通过媒体了解到展览信息后，纷纷打电话询问展览的详情，预约参观展览。另外，宣传在全国也产生了一定影响力，十多名来自各地的热心人士通过网络报道获得展览信息后专门来京观展，未能现场观展的朋友还热情邀请主办方到当地进行巡展;《中华手工》杂志等一些外地媒体还主动联系我们，对展览进行了报道。

盛宴之后

借助此次特展的成功举办，丹寨县决定启动“文创扶贫三大工程”：一是成立“云上丹寨非遗文化扶贫创意园”，按照“半年打基础、一年出示范、两年见成效”的目标，把丹寨县 7 项国家级非遗、17 项省级非遗，以及相关县级非遗项目作为文创扶贫的载体，打造传承、培训、研发、营销等一体化扶贫项目；二是建立非遗传承人档案，认真摸底，做到一户一技、一人一卡，精准立项、精准扶贫；三是秉承“传承不守旧、创新不离根”的宗旨，以丹寨境内独具特色的民族民间文化为主题，按照政府引导、市场运作、“非遗文创（中心）协会 + 非遗传承人 + 基地”的方式，做好营销平台。

展览为贵州丹寨蜡染企业和传承人带来了切实好处。根据我们的后续跟踪调查，为本次展览提供蜡染百苗图的贵州丹寨宁航蜡染有限公司，在 2016 年以前一直处于亏损状态，参展后经过近几年的持续发展，目前已经能实现每年 500 万的盈利额，成为当地蜡染企业的代表。

之后，该展览继续在河北博物院、北京展览馆巡回展出，均取得非常好的效果。

结语

在全球化背景下，蜡染艺术面临着传承与发展的危机，令我们欣慰的是，我们通过举办展览让更多的人关注和支持着这门古老的手工艺，并试图去理解其中所蕴含的哲学、信仰和习俗的深层结构。丹寨苗族蜡染纯手工制作所附加的人文情怀，及其传统纹样中所传达的苗族人民尊重自然、“天人合一”的哲学智慧和积极乐观的生活态度，对于现代生活来说都是取之不竭的精神源泉。在审美取向时尚化、现代化和趋同化的今天，文化遗产融入现代生活不是简单的选择关系，而是给彼此赋予一种新的生命力。

“窝妥”上的图腾鸟，历经千年仍栖息在丹寨县苗族人民的肩头，守护着苗族人民的精神家园，我们祝愿她在自由的天空中飞得更远、更高！

发生在宋庆龄故居的难忘“聚会”

宋庆龄故居　沈　斌

2018 年是中国福利会成立 80 周年。80 年前，宋庆龄在香港创办了保卫中国同盟，为中国的抗战募集医药物资；解放战争时期改名为中国福利基金会，为中国共产党领导的解放区募集了大量医药物资；新中国成立后更名为中国福利会（简称“中福会”）。在宋庆龄的精心培育和亲自领导下，中国福利会在妇女、儿童文教福利事业上做出了巨大贡献。宋庆龄曾说：“中国福利会是在一个时代里诞生，而在另个时代里成长的。”周恩来总理说：“中国福利会是孙夫人的事业，也是党和人民的事业。”[①] 在宋庆龄晚年，中福会的事业发展仍旧是宋庆龄最关心的事之一。

一、宋庆龄与中福会的创立和发展

1938 年的 6 月 14 日是一个很特殊的日子，翻开历史的长卷，让我们回顾一下那段历史。那时，是卢沟桥事变之后，是日本侵略者发起全面侵华战争，国家、民族面临生死存亡的关头，宋庆龄注意到了“抗日民族统一战线内部的种种暗流”涌动。她明确地指出：“我们当前的任务是争取世界人民支援中国抗日战争的先锋力量——中国共产党所

① 陈漱渝：《宋庆龄传》，北方妇女儿童出版社，1988 年，第 392 页。

领导的八路军和新四军以及解放区人民。”[①]6月14日，在香港九龙干德道11号2A宋庆龄寓所的小客厅里，保卫中国同盟（简称“保盟”）正式成立。它的英文全称是China Defence League，以宣传抗战、争取外援为宗旨。宋庆龄任中央委员会主席，宋子文任会长。保盟成立之初没有办公地点，只能在宋庆龄寓所的客厅办公。直到1945年抗战胜利后，保盟改名为中国福利基金会。在整个解放战争期间，它为中国共产党领导的解放区争取到了联合国善后救济总署和其他半官方团体所提供的国际救援资金和物资，有力地支持了全国人民的解放斗争。

1949年新中国成立后，中国福利基金会改名为中国福利会（简称“中福会”），在开展妇幼卫生保健、儿童文化教育、对外国际宣传等方面做出了突出贡献，在全国起到了实验性、示范性的作用。1958年6月14日，在中福会成立二十周年之际，宋庆龄在上海中苏友好大厦（今上海展览中心）举行了盛大的庆祝集会，何香凝、廖承志、康克清、齐燕铭等人应邀参加。宋庆龄在庆祝贺文中写道：“它从创立的那一天起，就和中国共产党站在一起，将来也是这样。”[②]5月25日，周恩来亲笔题词，祝中国福利会“发扬中国人民的自力更生、艰苦奋斗的优良传统，为增进中国妇女儿童的身体健康和精神健康，为培养新的劳动一代，作出更大的贡献。”[③]宋庆龄后来回忆说：“从此，我们一直按照这个精神进行工作。”[④]董必武在贺辞中写道：“中国福利会成立二十周年，谨在这里向它表示衷心的祝贺。二十年来，中国福利会在宋庆龄先生的领导下，对中国人民的革命事业是有着卓越的贡献的。”[⑤]何香凝为中国福利会成立二十周年作画《松梅图》以示祝贺。

---

① 宋庆龄：《宋庆龄选集》，人民出版社，1992年，下卷第553页。

② 同前书，下卷第314页、第328页。

③ 同前书，下卷第328页。

④ 同前书，下卷第558页。

⑤ 董必武：《祝中国福利会成立二十周年》贺辞。

二、宋庆龄与后海北沿 46 号

坐落在后海北沿 46 号的宋庆龄寓所，是她在北京的第三个“家”。这所宅院是 20 世纪 60 年代初，国家决定要在北京为宋庆龄修建住所，委托周恩来总理亲自筹划选址的。经周恩来总理提议，工作人员在原醇亲王府花园里修葺旧屋，增建小楼，建造了这样一个对外可以接见外宾、用于工作，对内可以休闲学习的寓所。在宋庆龄入住的前一天，周总理亲自到新居检查各处修建和布置情况。宋庆龄乘专机由上海抵达北京，周恩来、邓颖超夫妇亲临机场迎接，并把她带到后海北沿 28 号（后改为 46 号）她的“新家”。为祝贺乔迁之喜，周恩来、邓颖超精心准备了一套湘绣四扇屏作为礼物。面对这样一个美丽而古朴的花园住所，宋庆龄很高兴但也很不安。她感谢国家体谅她的身体而给她提供这么好的住所，但同时又为这样给国家带来负担而感到内疚。其实，早在新中国成立之后，国家几次提议为她建住所，都被她婉拒了。

1963 年 4 月 22 日下午，作为国家副主席的宋庆龄在北京后海北沿 46 号的寓所首次会见外宾——阿拉伯联合共和国（即埃及共和国）部长执行会议主席阿里·萨布里，同他进行了友好会谈。国务院总理周恩来、副总理聂荣臻、全国人大常委会副委员长郭沫若等作陪。[①] 然而，比这更值得难忘的接待活动则发生在同年的 6 月 14 日。

三、难忘的“聚会”

那是 1963 年 6 月 14 日的下午，初夏的北京已经感受到一丝炎热，树叶在微风中摇曳，花园里的树木花草郁郁葱葱，花儿在阳光下绽放，一切都是那样生机勃勃。后海北沿 46 号的大门像以往一样紧闭着。忽然，一辆又一辆黑色小轿车悄然驶近，那厚重的大门被慢慢地打开又缓

① 盛永华:《宋庆龄年谱》(下)，广东人民出版社，2006 年，下册第 1646 页。

缓地关闭，似乎将有一场盛大的活动在里面举行。

这一天是中国福利会成立二十五周年纪念日。对于这次庆祝酒会，宋庆龄很早便开始筹划。1963 年 5 月 12 日，她在给好友邱茉莉的信中写道：“我打算在六月十五日左右邀请《中国建设》杂志社的同仁来这里庆祝中国福利会成立二十五周年。请你们在当天下午六时左右到，这样就可以欣赏一下花园的美景，环绕着院子还有一条潺潺的小河。”

作为国家领导人的宋庆龄因工作的关系，经常住在北京的寓所。那一天，到宋庆龄北京寓所参加庆祝中国福利会成立二十五周年的国家领导人有周恩来、朱德、董必武、陈毅、何香凝等，国际友人有路易·艾黎、爱泼斯坦等。庆祝酒会在故居的畅襟斋举行。那里曾是宋庆龄的大餐厅，是一个用于宴请中外宾客、重要客人的礼仪性宴会厅。此时，它变为老朋友相聚、战友们重逢，共述二十五年风雨同舟的战斗佳话，共叙二十五年亲密合作真挚友情的地方，成为伟人们畅谈未来、展望美好明天的相聚地。

宋庆龄拿起酒杯，激动地说：“中国福利会自成立到现在已经二十五年了。这二十五年，正是我国经历了翻天覆地的历史变革的时期。在这个时期内，中国福利会和全国人民一道，在中国共产党领导下，为中国人民民主革命和社会主义建设事业，尽了自己应尽的一份力量。”[①] 是的，新中国成立后，宋庆龄领导的中国福利基金会成为新中国人民大众福利事业的一个组成部分，进入历史发展的新阶段。宋庆龄与周恩来总理共同研究确定了中国福利基金会未来的工作方针和任务，即在妇幼保健卫生、儿童文化教育方面进行实验性、示范性工作，加强科学研究，同时进行国际宣传。1950 年 8 月 15 日，中国福利基金会正式改名为中国福利会，并在原有工作基础上将 3 个儿童福利站进行重组，附属于儿童福利站的 3 个保健室被合并成妇幼保健站。1951 年，宋庆龄又将获得的“巩固国际和平”斯大林国际奖金共计 10 万卢布全部捐给中国福利会，用于建造第一座国际和平妇幼保健院。第二福利站改为

① 宋庆龄：《宋庆龄选集》，人民出版社，1992 年，下卷第 408 页。

少年儿童文化站，第三福利站改为少年儿童图书馆。1953 年，中福会又将两馆合并，创建了少年宫，使之成为少年儿童快乐成长的地方。中福会还创办了幼儿园、托儿所，使更多的妇女同志解除后顾之忧，安心工作。1950 年 3 月，中福会成立儿童工作研究室，之后创办了《儿童时代》杂志。在发刊词上宋庆龄指出："《儿童时代》的刊行，便是在给儿童指示正确的道路，启发他们的思想，使他们走向光明灿烂的境地。"[①] 为加强对外国际宣传，1952 年 1 月，中福会创办了《中国建设》杂志，继续和发扬《保盟通讯》及时向国外真实报道的传统，成为让世界了解新中国的一扇窗口。

周恩来总理十分了解宋庆龄所从事的工作对国家和人民的重要性，并始终关心关怀中国福利会的发展。《中国建设》杂志的创刊，正是在周恩来总理建议中国福利会要创办一个会刊以英文版的形式向国外介绍、宣传新中国，让更多的国家和人民了解新中国的建设和人民生活的情况下，宋庆龄欣然应允创办的。尽管国内、国际事务繁忙，周恩来总理仍然对中国福利会和《中国建设》杂志给予了极大的关注和支持，对其工作给予了悉心指导。1957 年《中国建设》创刊五周年之际，周恩来欣然为该刊题词：继续做好同各国人民增进了解和友谊的工作。1961 年《中国建设》创刊十周年之际，周恩来再次为其题词：把中国人民对全世界各国人民的友好愿望传播得更广更远，并且加强我们同他们之间的团结。作为庆祝，周恩来同夫人邓颖超亲自到杂志社看望编辑部工作人员，与大家欢聚一堂。宋庆龄对此事印象很深。宋庆龄曾深情地说："几十年来，它（中国福利会）的工作一直得到周恩来总理的直接支持和亲切关怀。"[②]

这只是一场庆祝酒会，桌子上看不到多少用来招待客人的食物，人们手中举着的只是酒杯，不能喝酒的人则举着饮料杯；这又是一场特殊的酒会，参加的人们似乎都上了年纪，但他们脸上露出的是平和与

① 同前书，上卷第 518 页。

② 同前书，下卷第 552 页。

安详、愉悦与自信、真诚与坦然的表情。这些患难与共、为国家和人民敢于付出一切的人们在为什么而举杯？在为什么而庆祝呢？周恩来总理开口了，他热情地赞扬了中国福利会在协助抗战、支援解放区根据地建设，在妇幼保健、文化教育和对外宣传等方面所作出的卓越贡献。最后，总理大声说："为中国福利会的领导者——宋庆龄同志的健康干杯！"在座的人们纷纷举起酒杯。是的，他们都是中国福利会二十五年艰苦奋斗、一路走来的见证者，他们都是深深了解宋庆龄领导中福会为国家民族、为祖国同胞、为新中国所作出的杰出贡献的人。此时，他们不约而同地要为"宋庆龄的健康干杯"！这是一场绝无仅有的庆祝酒会，是那些被全中国人民所爱戴和敬仰的领袖们的一场聚会。在这之后，这所园子里再办的盛会只有相仿，再无相同。

时光飞逝，1978 年的 6 月 14 日，在中国福利会成立四十周年之际，宋庆龄在北京寓所畅襟斋举行小型招待晚宴进行庆祝，康克清、罗叔章、周而复、廖梦醒、赵朴初和《中国建设》杂志的爱泼斯坦等数十人应邀参加。

对于这场聚会，宋庆龄始终怀着激动的心情。她在给廖梦醒的信中热情洋溢地写道："亲爱的辛西娅（廖梦醒），我想在十九日邀请你和《中国建设》的干部来我这里共进晚餐。那将是一个盛大的老朋友的聚会。"[①] 她又热情地写信邀请陈翰笙参加庆祝晚宴："6 月 14 日是保卫中国同盟成立四十周年的日子。现在，'保盟'已经成为解放后的中国福利会。因为我无法南下去上海参加庆典，所以我在 14 日晚 6 点为《中国建设》的干部举行一次自助餐会。我非常希望你能来参加，因为你曾是香港时期的执行委员，并一直在所有有关问题上帮助我。"[②] 在写给好朋友沈粹缜的信中，她真切地说："6 月 14 日晚中国建设社的同志和一些其他客人在我家晚餐，很成功地庆祝中国福利会成立四十周年。没有您

① 宋庆龄基金会，中国福利会编：《宋庆龄书信集》，人民出版社，1999 年，续编第 585 页。

② 中国福利会：《宋庆龄致陈翰笙书信》，东方出版中心，2012 年，第 162 页。

在，觉得缺少什么似的；但是，知道您在上海为这一庆祝也出了力，非常高兴。”[①]

对于中福会四十年取得的成绩和发展，宋庆龄是那样地高兴，而对自己所做的贡献却是那样的谦逊。在写给康克清的信中，她真诚地说：“承蒙您远道去上海参加中国福利会成立四十周年庆祝大会并讲话。您的讲话激动人心，鼓舞了中国福利会同志们继续前进。在这里又一次地致谢！中国福利会各事业单位是在中国共产党的领导下，在周总理的直接关怀和支持下，才有今天的发展。我仅仅创办了它们，出过力，微不足道的。”[②]

回顾中国福利会四十年走过的历程，宋庆龄用“为人民服务四十年”精练而准确地进行了概括。她明确而客观地指出：“中国福利会一直肩负着双重任务：首先，在中国人民争取解放与进步的斗争中帮助解决某些急需；其次，向世界各国朋友阐明中国人民斗争的意义和目标。”“这些年来，虽然我们做了一些有益的工作，但做得还很不够。我们的某些设想也还未能实现。不过总的来说，我们的工作基本上是贯彻了毛主席的革命路线和各项方针政策的。”“在这个新的长征队伍中，中国福利会决心把工作做得更多更好，像以往四十年一样，为人民服务，为革命工作，并且通过《中国建设》，把中国社会主义进步的事实告诉全世界的朋友们。”[③]

这场聚会是宋庆龄为她所热爱的中福会举办的最后一场庆祝活动，那年她已经85岁高龄了。我们可以想象一下，那个温馨的晚上，来宾们一起分享廖梦醒送来的大蛋糕，一起怀念与中福会共同走过的四十年风雨历程，一起分享彼此的真挚友情。他们或是在美妙的音乐声中促膝聊天，或是在风景如画的园内漫步，久久不愿散去。以至于过后宋庆龄写给廖梦醒的信中不无感慨地说：“多谢你在我们四十周年之际送来精

---

① 宋庆龄基金会，中国福利会编：《宋庆龄书信集》，人民出版社，1999年，下第793页

② 同前书，下第794页。

③ 宋庆龄：《宋庆龄选集》，人民出版社，1992年，下卷第552页、第560页。

致的蛋糕！……我很高兴你十四日晚上在我这里过得很愉快。”[①]

四、尾语

四十年后的今天，故居仍旧古朴而宁静，却又焕发着青春的活力。古树巍然矗立，畅襟斋的灯光依然璀璨。侧耳听，空气中仿佛依然回响着昨日朗朗的笑声和人们的低声细语，仿佛昨日的聚会又回到现实，那走入历史画卷中的人们又来到面前。一切是那样清晰而又亲切，但眨眼间又是那样遥而不及。

1982 年，中国宋庆龄基金会在故居成立，以弘扬宋庆龄精神、继承她未竟的事业为使命，秉承“和平、统一、未来”三项宗旨，至今已成功走过三十六年历程。而中国福利会也拥有了八十年辉煌成就。中共中央总书记习近平在贺信中指出：“八十年来，中国福利会秉持‘永远和党在一起’的坚定信念，在妇幼保健、校内外教育、少儿文化及社会福利等领域开展实验性、示范性工作，为我国妇女儿童事业发展，为促进祖国统一事业、维护世界和平与发展发挥了独特作用，取得了丰硕成果。”儿童工作是宋庆龄最关心的事业，为国家培养有知识、有品德、有作为的社会主义建设者和接班人是习总书记对中福会的希望，也是对所有为宋庆龄事业而奋斗的人们的希望。如今，北京宋庆龄故居已经成为全国和北京市青少年思想教育基地，这里的“欢聚”也越来越多。随着它成为中小学生学习伟人精神、接受爱国主义教育的最好基地，将会有更多的难忘“聚会”在这里发生。

① 宋庆龄基金会，中国福利会编：《宋庆龄书信集》，人民出版社，1999 年，续编第 588 页、第 591 页。

参考文献

[1] 宋庆龄:《宋庆龄选集》(上、下),人民出版社,1992年。

[2] 宋庆龄基金会,中国福利会编:《宋庆龄书信集》(下、续集),人民出版社,1999年。

[3] 盛永华:《宋庆龄年谱》(下),广东人民出版社,2006年。

[4] 尚明轩:《宋庆龄年谱长编》(下),北京出版社,2002年。

[5] 中国福利会:《中国福利会四十年》,1978年。

[6] 中国福利会:《中国福利会五十年》,1988年。

[7] 中国福利会:《宋庆龄致陈翰笙书信》,东方出版中心,2012年。

[8] 陈漱渝:《宋庆龄传》,北方妇女儿童出版社,1988年。

[9] 宋庆龄基金会编:《鸿雪因缘——宋庆龄与杨孟东夫妇往来书信集》,中央文献出版社,2015年。

[10] 中国宋庆龄基金会研究中心译编:《挚友情深——宋庆龄与爱泼斯坦、邱茉莉往来书信》,中央文献出版社,2012年。

[11] 董必武:《祝中国福利会成立二十周年》贺辞。

图 1　宋庆龄故居

图 2 《中国建设》杂志

浅谈新时代下博物馆的社会教育作用

——北京南海子麋鹿苑博物馆案例分享

北京麋鹿生态实验中心　胡冀宁　苏文龙　朱明淏

博物馆，作为征集、典藏、陈列和研究自然与人类文化遗产的场所，具有收藏、展示、研究与教育的四大功能。随着社会的发展进步、科学技术水平与公民科学素养的提高改善，公众对博物馆的社会教育需求不断提升。新时代下，“让文物活起来”的理念与行动使得博物馆事业得到全社会的普遍关注和支持。如何充分发挥自家博物馆的优势特色，将博物馆打造为科学普及的前沿阵地，发挥其社会教育的战斗堡垒作用，是每一家博物馆不懈努力的方向。本文以北京南海子麋鹿苑博物馆为例，对博物馆如何发挥社会教育作用及其存在的问题进行梳理总结，提出了解决对策，以便为博物馆的长远发展打好坚实基础。

北京南海子麋鹿苑博物馆，又名北京麋鹿生态实验中心、北京生物多样性保护研究中心，简称麋鹿苑，是一家隶属于北京市科学技术研究院的科研科普公益单位，坐落于北京市大兴区南海子湿地公园的核心区域。自 1985 年成立以来，麋鹿苑科研成果丰硕，科普触角不断延伸，充分发挥集动植物研究与保护、生态文明建设与爱国主义教育为一体的自身优势，为麋鹿保护事业、自然科普及爱国主义教育贡献了重要力量。麋鹿苑现已发展为自然研究与科普教育的综合型户外生态博物馆，国家 3A 级景区，全国科普教育基地，中国生物多样性保护示范基地，北京市中小学生社会大课堂示范单位，首都生态文明宣教基地，北京市环境教育基地，野生动物保护的中国样本地。

近年来，随着北京南城规划的部署实施、北京第二机场的快速建设，大兴已悄然实现华丽转身，作为北京南城的靓丽名片、北京的“南大门”展示在公众面前。在西山永定河怀抱中，这里孕育着皇家苑囿南海子，蕴藏着深厚的历史文化印记，承担着中国湿地旗舰物种——麋鹿的保护重任。南囿秋风，燕京十景，行宫寺院，水草丰美，美景与文化齐飞的南海子已经成为西山永定河文化带怀抱中的骄子，而麋鹿这一蕴涵着“国家兴，麋鹿兴”的非物质文化遗产，也已成为一颗璀璨明珠，亮丽夺目。

作为国家一级珍稀保护动物麋鹿的模式种产地、麋鹿在中国的最后灭绝地和麋鹿重引入回归地，麋鹿中心的科普教育意义重大。自 1985 年获得北京市爱国主义教育基地称号以来，麋鹿苑围绕麋鹿文化、自然环保、爱国主义教育、生态文明建设等方面开展了内容丰富、形式多样的自然科普教育活动。苑内具有国内屈指可数的鹿类动物室内展览以及设计独特、寓意丰富的户外科普设施，其优美的自然环境与博物馆、活跃的教育课堂与多彩的科教活动均凸显了中心在科普教育中的功能与作用，充分展示和发挥了科普教育基地的职能与作用，向公众传达着麋鹿的科普理念。具体工作总结为以下三个方面：

一、经验分享

（一）具有专业化团队，规章制度与管理工作健全规范，综合服务水平优良

从麋鹿苑成立至今，科普教育一直是其主要工作职能。麋鹿苑现有专职工作人员 32 人，占职工总人数的 67%，其中博士及以上学历 3 人，硕士研究生 10 人，本科 8 人，专业涵盖动物学、植物学、生态学、环境学、野生动植物保护及自然教育等相关学科；分有中英文讲解团队 2 个，设科普部、展览部、生态室、生态教育与体验部 4 个职能部门，具备翔实生动的讲解资料，开设不同主题的科教活动，建有科普教育场馆

与科普设施，管理工作健全规范，可以满足不同年龄、不同层次、不同群体的受众需求。麋鹿苑自2006年免费开放以来，接待游客数量逐年递增，从2006年的94380人次陡增到2007年的305458人次，之后平均每年接待游客达35万人次。仅2017年一年，麋鹿苑就接待游客达44万人次，其中涵盖中小学生及高校学生团体、中央及地方企事业单位团体、大中小型社团组织、港澳台及国际友人团体总计110余个，顺利圆满完成了相关科普教育活动，无投诉事件发生，综合服务水平优良。

（二）全面落实社会主义核心价值观，遵循“三可五有”原则，打造示范引领作用

在爱国主义教育基地工作中，麋鹿苑紧紧围绕推进社会主义核心价值观生活化的主题，按照感受内涵、融入实践两大纬度，遵循“可学习、可感悟、可实践”，坚持“有场所、有展陈、有讲解、有互动、有成效”的“三可五有”原则，依托麋鹿及生物多样性科学研究，举办了麋鹿传奇、世界鹿类、人与自然固定与临时展览，搭建了博物馆展厅，开辟了户外麋鹿回归纪念园、世界灭绝动物墓地、麋鹿文化桥、生态文明实践教育展示区，组织了南海子文化、湿地精灵、植物智慧、大美自然保护区等主题科普讲座，开发了留住自然色彩、体验自然魅力互动式科普课程，不断充实着麋鹿特色主题活动，为公众提供了全方位、多角度的宣传教育活动，让“爱国、敬业、诚信、友善”的思想在麋鹿苑落地生根，在麋鹿苑的科普教育工作中口口相传。2018年，麋鹿苑被评为大兴区社会主义核心价值观主题教育示范基地，为全区乃至全北京市的主题教育起到了模范作用。

（三）科学普及公众，服务周边，辐射全国，发挥基地职能作用

作为北京市及全国的科普教育基地，麋鹿苑的职能作用，在自然科学普及、生态文明宣教、爱国主义及社会主义核心价值观宣教工作中凸显。麋鹿苑的科普服务触角并不局限于麋鹿苑内，还延伸到了大兴区周边的社区、商场、学校，乃至其他城区与全国。2017年，麋鹿苑与丰

台纪家庙社区、大兴万科住总集团、世界之花广场、鸿坤广场及大兴瀛海一小、东城分司厅小学建立了合作关系，进社区开展科普讲座与科普手工制作活动 10 次，进校园开设社会实践课堂 40 课时，还进商场开展了“麋鹿快闪博物馆”、麋鹿苑夏天科普剧演出等宣传推广活动。另外，作为国家林业系统干部培养实践基地，麋鹿苑每年接待林业系统组织的全国地县级干部培训班数次；作为中科院老科普作家演讲团成员、北京市环保宣讲团成员，麋鹿苑科普工作人员每年受邀到全国各省市进行自然生态、环保教育、爱国主义教育及麋鹿苑科普工作的宣讲多次，并将麋鹿苑的科普教育理念广泛传播出去。

（四）立足自身，多点联动，发挥特长，助力自然科普全面推广

在麋鹿苑科普教育体系日趋完善、理论与实践紧密结合的良好态势下，越来越多的自然科普教育机构、中小学校、社区、企事业单位与麋鹿苑建立合作关系，为麋鹿科普教育的传播搭建平台。在宣传工作方面，麋鹿苑通过网站、两微一博及北京市科学技术研究院（上级单位）网站，借助市、区政府及各大企业的宣传渠道，如首绿委生态文明宣传教育、首都园林绿化、北京市环保局京环之声、大兴区住总万科与世界之花商场网络宣传、丰台区纪家庙社区亿朋家园等网络平台，将麋鹿苑湿地的景观风貌、麋鹿种群生活、科普教育展示、爱国主义及生态文明教育活动进行了全面系统的宣传展示，还通过首绿委的直播平台进行科普教育及爱国主义宣讲活动的直播。近年来，麋鹿苑科普教育也走进了电视媒体与广播电台，先后与央视九套、央视一套、北京电视台、湖南电视台等多家电视媒体开展麋鹿生活影片及全国性科教活动录制，《鹿王争霸》《动物来啦》《这里是北京》已在央视、北京电台播出；受邀到中国广播电视台、北京市广播电视台、大兴区广播电视台等进行麋鹿专题节目录制。另外，麋鹿苑近年来与国家林业局、中国科学技术研究院、北京市园林绿化局、北京市环保局、中华环境基金会、中国绿色发展基金会及中国农业大学、北京林业大学、东北农业大学等全国高校进行了科学研究与科普教育方面的合作。麋鹿苑在充实自身的基础上，积

极与社会各方进行合作对接，发挥自身在科普教育、爱国主义教育方面的特长，为自然科普教育活动推广助力。

二、特色亮点

（一）主题科普场馆与科普设施齐全

麋鹿苑围绕自然、生物多样性、历史文化开设主题场馆，馆内设有麋鹿传奇、世界鹿类固定展览2个，每年固定举办生物多样性—生肖展临时展览1个。近年来，我们在博物馆内举办临时展览4个，分别为鹿角大观、麋鹿回归30周年成果展、麋鹿书画摄影展、人与自然—猩猩展；在户外举办临时展览2个，分别为菊花展、麋鹿生态摄影展。户外科普设施以爱护珍惜自然、了解学习历史为主题，融观察、感悟与体验为一体，从学习式的“麋鹿还家宣传栏”到互动式的“动物之家”，再到感悟式的“世界灭绝动物墓地”，以及“生态文明思想十大经典论述”石刻，麋鹿苑做到了处处是自然景观、处处是科教场所，也在努力打造生态文明思想教育实践活动的基地。

（二）科教活动内容丰富、形式多样

依托博物馆、户外科普设施及湿地景观，麋鹿苑开设内容丰富、形式多样的科教活动，逐渐形成麋鹿特色，深受公众的认可与赞誉。近年来，麋鹿苑的特色科教活动主要有麋鹿苑自然大讲堂系列、夜探麋鹿苑、主题科普剧展演、小小讲解员与麋鹿守护者活动。麋鹿苑自然大讲堂系列活动启动于2016年，至今已成功举办57场活动，举办有奖征文活动2次，制作活动汇编1册。该活动集科普讲座、科普制作、博物馆参观、户外自然观察为一体，为公众提供与自然科学近距离接触的机会，引导公众从自然学习的角度了解自然、走进自然，曾荣获2017年度“北京市优秀科普活动二等奖”荣誉称号。夜探麋鹿苑活动启动于2015年，平均每年开展30场次活动，受众群体为亲子家庭。该活动以自然探索为主题，带领公众在麋鹿苑夜晚与早晨进行动植物观察，体验

与参与度极高，深受孩子与家长们的认可。麋鹿苑主题科普剧展演，则是麋鹿苑的科普工作者通过自编自演的方式，将自然保护、爱国主义教育的主题以科普剧、脱口秀的形式进行表演。近3年来，麋鹿苑科普剧不仅在全国科技周、科普嘉年华等全国性科普活动中进行展示，在东方梅地亚小剧场进行公开表演6场次，还开通了网络直播，以便让更多的公众了解麋鹿科普剧。另外，我们还通过科普剧搭建了与学校、商场的合作关系，指导学生进行科普剧学习表演，并多次参与京津冀地区学校的科技节活动和商场公演活动。近年来，麋鹿的科普剧还多次登上荣誉讲台，分别获得2016年全国脱口秀十佳、2017年“科普·北京”达人秀一等奖荣誉称号。小小讲解员与麋鹿守护者活动于2011年启动，每年平均举办小小讲解员培训2次、麋鹿守护者活动5次。这两个活动主要针对学生团体、退休人员团体或对自然感兴趣的人士，意在让和谐自然、爱国敬业、诚信友善的价值理念根植于青少年儿童心中，发挥社会各界人士力量，倡导关爱自然、爱国爱家的社会主义核心价值观。

（三）户外环境与室内科教相辅相成

麋鹿苑作为户外生态类博物馆，不仅有着优美的自然湿地景观，还拥有有着深厚底蕴的博物馆。麋鹿苑的科普教育依托围绕这两大主题不断深化扩展，已经形成户外环境与室内科教相辅相成的自然科普教育体系。

（四）科研科普相互融合促进

作为科研单位，麋鹿及生物多样性的科学研究为自然科普教育提供了雄厚的专业支撑与指导。近年来，麋鹿苑在麋鹿自然科学研究的基础上研究、制作出许多动植物标本，为自然科教活动提供了教具支撑。一线科研人员走进自然科普讲堂，为公众展示前沿的科学研究成果。另外，自然科普教育也为麋鹿及生物多样性的科学研究开辟了普惠公众的空间。麋鹿苑的科研科普工作相互融合促进，不断充实完善，努力实现自然科学领域的创新发展。

三、存在问题与对策建议

（一）外部因素

因地理位置及周围环境建设所限，麋鹿苑在宣传渠道与对外合作方面还存在差距，但随着特色活动——“麋鹿苑自然大讲堂”进社区、科普剧进校园、标本展进商场为麋鹿苑的“走出去”打开的新窗口，它将沿着“走出去”与“请进来”相结合的思路，广泛拓展合作渠道，创建合作伙伴关系，通过借助社会力量与公众平台，将南海子麋鹿苑博物馆的社会教育功能、生态文明宣教作用充分发挥出来，为博物馆的长远发展提供不竭动力。

（二）内部因素

麋鹿苑现有的教育活动与展览展示均围绕麋鹿及生物多样性的主题展开，以自然体验活动、陈列式科普展览为核心，突出了自然类科普教育，而科技含量略显不足。在今后的社会教育工作中，应将自然科学研究方法、科学实验及科学秀等方式引入其中，侧重从科学研究的角度切入公众教育，这也会为麋鹿特色科教活动增加新活力，促进科学研究与科普教育的融合，为科技创新提供新力量。

四、结语

博物馆的社会教育作用毋庸置疑。当今的博物馆工作者既要重视自家博物馆的特色，更要具备现代化的教育理念，让公众在博物馆中体验方便快捷，收获身心愉悦。

浅谈博物馆在科普教育中的作用

北京麋鹿生态实验中心　朱明淏

博物馆是人类发展过程中重要的文化传播之地。新中国成立后，为了快速使国家富强，国家的发展目标更多地集中在经济建设上，忽略了文化建设，使得博物馆的作用没有被全面开发出来。博物馆的展览内容也由于过于专业化而显得死气沉沉，不够接地气，不能吸引游客，使得博物馆不能发挥出它应有的作用。

2015 年国务院颁布的《博物馆条例》指出："国家鼓励博物馆挖掘藏品内涵，与文化创意、旅游产业相结合，开发衍生产品，增强博物馆发展能力。"这为博物馆的发展铺平了政策道路。自从《博物馆条例》出台后，各个博物馆积极与互联网、大数据、人工智能平台合作，宣传自己的馆藏品，让馆藏品生动地出现在大众面前。从此，一种新的博物馆宣传形式出现在大众面前。

麋鹿苑博物馆位于北京市大兴区，其所在地是元、明、清三朝的皇家园林，有着丰富的历史内涵，馆里讲述的主要是关于国家一级保护动物麋鹿的科普知识，以前因为宣传方式单一，所以一直是"养在深闺人未识"。近年来，麋鹿苑博物馆通过采用电视媒体、网络直播、公共活动等方式对外宣传。麋鹿苑将博物馆分成两个部分：麋鹿传奇、世界鹿类。展馆内有 1000 多对形状各异的鹿角。这些鹿角一部分是历年来圈养的麋鹿脱落的角，另外一部分是从一位德国收藏家那里购买来的，极大地丰富了麋鹿苑博物馆的馆藏。展览馆设计时利用多媒体影像与标本，使展览形式丰富起来，让游客更加直观地了解麋鹿，领略麋鹿苑的独特文化内涵。

在语言及内容上也根据观众的年龄、职业等特征提供差异化的讲解，以调动观众的积极性。同时，为了更好地宣传麋鹿科普知识，麋鹿苑博物馆还将博物馆教育与学生的教科书相结合，开展相应的活动，如“小小讲解员”“自然大讲堂”“麋鹿进社区”等。这些活动也得到了广大观众的青睐。

麋鹿苑为了更好地宣传鹿类文化，利用自己文化的独特性来发展自己的文化创意产业，麋鹿脱落的鹿角被开发出许多有创意的文创产品，如鹿角名片夹、鹿角葫芦、鹿牙饰品等，得到了广大游客的喜爱，既宣传了文化，又创造了经济效益。

为了吸引更多游客，麋鹿苑博物馆对基础设施也进行了改善，增大绿化面积，增加休息设施。博物馆内部环境优雅、惬意，充斥着文化氛围，完全可以充当居民休息、放松、娱乐的重要场所。

在《博物馆条例》中，国家对博物馆作出了新的定义：“博物馆是指以教育、研究和欣赏为目的，收藏、保护并向公众展示人类活动和自然环境的见证物，经登记管理机关依法登记的非营利性组织。”很明显，国家希望博物馆能从研究者转变为教育者，将科研结果转变为科普知识，这也是新形势下博物馆的主要任务。

为了扩大知识传播面，就一定要扩展博物馆教育活动。这些教育活动最重要的是从博物馆自身的资源、当地的经济文化、当地的群众文化素养出发，打造博物馆自己的特色活动及品牌教育。

博物馆的兴盛发展是文化复兴的重要体现。博物馆业应立足自身独特的文化属性及区域资源，通过展览宣传、人员讲解、教育等方式使老百姓认识到自然环境、科学技术、人文历史等对人类的重要性及其与自己生活的密切关系，通过博物馆教育唤起人们对和谐共建人类家园的美好愿望。

纪念改革开放四十周年

——大觉寺·我的博物馆记忆

北京西山大觉寺管理处　宣立品

北京西山大觉寺是一座历史悠久的千年古刹，是全国重点文物保护单位、市属博物馆。作为北京地区保存下来为数不多的一座千年古刹，西山大觉寺是首都历史文化遗产中不可分割的重要组成部分，也是北京着力打造的三个文化带中，西山永定河文化带上的一颗璀璨的明珠。

在改革开放的40年里，尤其是对公众开放的20余年时光里，作为大觉寺的守护和传播者，我们始终立足于文博行业本职，认真地做好社教、保管、科研等相关基础工作，踏踏实实，扎扎实实，不好高骛远，更不急功近利。从文物的保管、保护到研究、展示，从对公众的讲解、科普到对历史文化的弘扬、传播，每一个工作环节，都饱含着我们文博人的心血以及对文博工作浓浓的热爱。

一、历史记忆

大觉寺始建于辽代，金代时为章宗完颜璟西山八大水院之一，谓之清水院。明代宣德三年（1428年）重修扩建，赐名“大觉寺”，寺名沿袭至今。明清两代，皇家对大觉寺给予了多次修缮和恩宠，形成了今日大觉寺的规模，并依然颖于西山。

新中国成立后，大觉寺最后一个僧人响应国家政策还俗。1952年北京林学院成立，大觉寺即为其校址。后来因办学不便等原因，1954年林学院迁走，大觉寺则继续作为林业部农林干部培养的教学基地。1986年秋，寺内龙王堂起火，经多方调研协商，大觉寺划归至北京市文物局管理使用。1988年10月，北京市文物局与林业大学签订移交大觉寺协议。12月，北京市文物局派驻接收小组进驻大觉寺。1989年3月，北京西山大觉寺管理处成立，1990—1991年，文物部门对寺内龙王堂、南北庑房等建筑进行修缮。1992年4月，大觉寺正式对外开放。自此，大觉寺拉开了改革开放以来文博繁荣发展新的篇章。

二、古刹重光

本着“保护为主、抢救第一”的文物工作方针，北京市文物局对大觉寺进行了系统的修缮和整治。1992年4月10日正式对外开放后，大觉寺成了京郊一处著名的游览胜地。在北京市文物局的领导下，管理处采取边修缮边开放的原则，加紧古建修缮工作，逐年修复了龙王堂、四宜堂、憩云轩、大悲坛、山门殿、畅云轩等建筑，抢修了大殿后抱厦、配殿及方丈院等濒危房屋；近些年又修缮了大雄宝殿、无量寿佛殿等主要殿堂。修缮后的建筑风格依旧，古朴端庄，千年古刹终于又焕发出新的光彩。

古树养护也是寺内文物保护工作的重点，寺内古树以松、柏、银杏为主。古树被人们誉为活着的文物，它们以其古拙的树姿、美丽神奇的传说，吸引着众多的游人。古树名木堪称寺内一大特色，是不可多得的文化资源。为使寺内古树得到有效的保护，管理处每年都投入大量资金实施古树养护工程，聘请园林古树专家及相关人员，对寺内古树逐一诊治，治理病虫害，堵塞树洞，清除杂草丛枝，等等。随着管理工作的进一步开展，古树名木的保护已被列入重要位置，大觉寺逐步走上了科学管理的道路。

大觉寺是阳台山自然风景区内唯一保存完整、规模宏大的古代建筑群，周围林木茂盛、古迹众多、空气清新，旅游资源丰富，极具开发价值。近 30 年来，管理处文物工作者遵循有效保护、合理利用、加强管理的文物工作原则，积极努力开拓进取，在提高自身能力的基础上，不断寻求新的发展，于 1997 年与国风企业合作，依托大觉寺天然环境及丰富的泉水资源，在寺内开设了北京明慧茶院，以其古雅清幽的风格成为京城独具特色的品茗聚会之地。如今，到大觉寺明慧茶院品茗已经成为京城人们清雅休闲的一种生活方式。

随着文物及旅游事业的不断发展，大觉寺这座具有悠久历史的千年古刹越来越为人们所关注。大觉寺管理处一直秉承着以传播中华传统文化为己任的工作理念，脚踏实地、勤勉工作，力争使寺庙文物得到有效保护和充分利用，使文物所承载的深层文化能够全面地展示给观众，以达到传承文明的目的。

大觉寺的馆训是——“惟谨惟勤，守护文明。自律自励，定慧双修。”在馆训的影响下，大觉寺管理处全体职工本着踏踏实实、勤勤恳恳、严于律己、宽于待人的工作态度，守护着大觉寺这一方文化净土，在此默默耕耘。多年来，通过举办大觉寺玉兰节、银杏节、古琴演奏会、佛教京音乐演奏会等文化活动，通过举办契约文书展、历代名人展、古树名木展等多种文化展览，通过开展寺庙文化研讨、佛教知识公益讲座等文化项目，通过开展契约、经板、佛造像等课题研究，通过出版《大觉禅寺》《大觉寺》《大觉寺藏清刻禅宗典籍八种》《大觉寺藏清代契约文书整理及研究》《北京大觉寺诸天造像》等图书，大觉寺这座博物馆已然成为弘扬和传播中国传统历史文化的一名文物大使，博物馆的每一名工作人员也俨然成为一名文化传播的使者。

三、再创辉煌

习近平总书记说，历史是一个民族、一个国家形成、发展及其盛衰兴亡的真实记录，是前人各种知识、经验和智慧的总汇。重视对历史的学习和对历史经验的总结与运用，善于从不断认识和把握历史规律中找到前进的正确方向和道路，是我们党 90 年来之所以能够领导中国革命、建设、改革不断取得胜利的一个重要原因。

小集体是大社会的浓缩。所以，从对大觉寺历史文化发展的研究，进而探讨对中华民族兴衰更替的研究，是大觉寺从文化自觉走向文化自信的一个必然过程。在这个过程中，我们文博工作者大有可为。大觉寺不单是一座寺庙，她蕴含的宗教文化、建筑文化、园林文化都是中华优秀传统文化的重要组成部分，是孕育“文化自信”的深厚基因。我们只有对我们优秀传统文化高度认同，才能在文化自觉和文化自信中做出一名文博工作者的贡献。

习近平总书记强调文化自信，拥有文化自信的关键就是要把传统文化与现代文化之间打通，同时还要实现文化的普及，也就是文化的大众化问题。习近平总书记曾指出，要积极探索对外宣传的新思路新举措，精心构建对外话语体系，努力实现中国文化、国际表达，增强对外话语的创造力、感召力、公信力，讲好中国故事，传播好中国声音，阐释好中国特色。总之，就是要充分树立文化自信，以文化自信来擦亮首都历史文化遗产金名片，站稳国际大舞台。

那么，如何使大觉寺这样一座隐藏在西山之中的千年古刹一举登上国际文化的大舞台呢？这曾经是 2012 年北京市文物局参访俄罗斯时，大觉寺管理处领导给予我们青年文博工作者的一个紧迫的课题。那时萦绕在我们心头的是当时一句非常时髦的话——民族的就是世界的。那么，什么是为世界所广泛认知的华夏文明？这些文化载体又该怎样与大觉寺的历史和文化相融合，从而将大觉寺托举至国际舞台之上呢？我们情不自禁地想到了中国的瓷器、中国的丝绸、中国的茶，想到了大觉寺流淌了千年的泉水、大觉寺之于“西山八大水院”的地位，大觉寺佛教文化“禅茶一味”的禅意。自古以来，中国茶随着丝绸之路传到欧洲并逐渐风靡世界，与丝绸、瓷器等一起被认为是共结和平、友谊、合作的纽带。于是，我们迸发出了一个灵感——打造大觉寺特色茶文化：以展览的形式传播历史和文化；以茶为载体，通过禅茶和文士茶表演展示中国传统文化的禅意，以及茶器、服饰中最具代表性的中国瓷器和丝绸；配以古筝、古琴这样的民族古乐烘托品茶的意境；再辅之以中国茶道、花道、书法等动手式的亲身体验与分享，使观者零距离体验中国文化。随后，我们便给它取了一个非常诗意的名字：“一盏清茶酬知音——中国茶文化展览及体验与分享”。如此，一项丰富多彩且底蕴丰厚的文化大餐跃然呈现。它之于世界的知名度，以及互动体验和艺术审美，使它可以完全无碍于国别的差异、人种的差异和信仰的差异，从而为世界人民所接受。

在随后的几年时间里，我们走出了首都北京，走至中国的大江南北，甚至走到了俄罗斯、美国和希腊。就在前不久，瑞士卢加诺市高等学校文化交流团还慕名来到了西山大觉寺参访，体验中国书法和中国茶文化。

印象比较深的是在美国芝加哥。受奥兰德帕克市政府及公共图书馆之邀，北京市文物局携大觉寺管理处为美国民众奉上了“中国茶”这道文化大餐。期间，有很多幅感人的画面呈现：比如奥兰德帕克市市长将市政府工作会临时挪至活动现场，只为了一定要亲自出席我们活动的开幕式；比如奥兰德帕克市市长邀请我们北京代表团参观市政府，市政府内及当地中餐馆内都高调张贴了我们茶文化活动的海报以开展宣传；比如中国驻芝加哥使领馆领事带队出席了我们的活动并讲话，还在使领馆宴请了我们北京代表团；比如移民在外的华侨们带领子孙后代来到活动现场回味中国文化，并嘱咐孩子们万不可忘本，不能忘记了我们的祖国是中国；比如多个美国家庭陪伴着领养来的中国儿童前来活动现场，进行文化寻根。

美国奥罗拉市经济发展委员会领导大卫先生也来参加了我们的活动。他赞誉中国文化以其深厚的底蕴可以征服全世界的观众，而大觉寺的茶文化活动，达到了送文化进社区、送文化进入美国主流社会的深刻意义，绝不是搭个舞台唱个戏那样的热闹活动所能比拟的。他希望这项活动可以持之以恒地举办下去，并诚挚邀请我们去他管辖的城市展出，以吸引更多受众，从而成为和平的使者，成为中美文化交流的纽带和桥梁。

实践证明，我们的探索是积极而有益的。习近平总书记曾多次对中国茶文化给予过充分的肯定和殷切的期望，在外交场合，也多次与外国领导人一同“茶叙”，共话友好未来。比如，2016 年 9 月 3 日，在 G20 杭州峰会召开前夕，习近平总书记与美国总统奥巴马会晤时，在西湖国宾馆的凉亭喝茶并在湖边漫步——类似的故事都已成为中国民间的佳话美谈。习总书记在比利时布鲁日欧洲学院演讲时指出：正如中国人喜欢茶而比利时人喜爱啤酒一样，茶的含蓄内敛和酒的热烈奔放代表了品味生命、解读世界的两种不同方式。但是茶和酒并不是不可兼容的，既可以酒逢知己千杯少，也可以品茶品味品人生。中国茶所承载的已不仅仅是中国的文化，它俨然成为中国与世界文化交流的使者，成为促进世界和平稳定发展的使者。

提高国家文化软实力，就要努力挖掘并展示中华文化独特的魅力。把跨越时空、超越国度、富有永恒魅力、具有当代价值的文化精神弘扬起来，把既继承传统优秀文化又弘扬时代精神、既立足本国又面向世界的当代中国文化创新成果传播出去——这是我们当代文博工作者的使命与责任，更是我们奋发向上的动力与方向。

大觉寺茶文化交流项目连接了长江南北，穿越了茶马古道，走出了国门，走向了世界。

中国茶文化只是大觉寺结合自身文化资源优势所选取的一个探索层面。随后，我们又开拓了新的征程——首都文博志愿者拓展培训项目。很多文博志愿者为首都文博事业的发展做出了积极而有益的贡献，作为文博单位，如何回馈给这些志愿者更丰富的精神食粮，使之得到更深邃的滋养，从而提高文博志愿者服务文博行业的热情和动力，便是我们提出并践行首都文博志愿者培训拓展项目的缘起。

2018 年，首都文博志愿者拓展项目启动，开设了 6 个专场，6 家博物馆率先参与，近 600 人次首都文博志愿者报名参加。博物馆的历史和文化、北京地区的民俗传承、国家级非物质文化遗产的学习和体验，在拓展活动中被一一呈现。志愿者们开阔了眼界，丰富了知识，提高了技能。2019 年首都文博志愿者拓展项目将继续延展，相信会有更多志愿者受益。

面对未来更多的机遇和挑战，作为大觉寺的管理和守护者，我们不畏惧、不彷徨，更不会退缩。擦亮首都历史文化遗产金名片，使之破尘呈新，熠熠生辉，是我们文博人对首都文博事业发展的承诺和献礼。在改革开放新征程的道路上，我们将切实担负起时代赋予首都文博工作者的光荣使命，自觉将个人价值展现融入国家和民族的发展中，以扎实有效的工作作风和奋发有为的精神状态推动首都文博事业发展。我们将不忘初心，砥砺前行，以实际行动迎接更高的挑战和更加辉煌的明天。

公众心声

我与军博 T-62 坦克背后的故事

杜　东

欣闻此次征文消息后，我不由想道：由毛泽东亲笔题写馆标的“中国人民革命军事博物馆”从 1958 年兴建至今，已经整整过去了 60 年。此时，自己与军博那辆坦克的往事就又浮现在眼前。

记得那还是 25 年前的国庆节，当时我已经从部队转业到地方工作。我带着妻子和 5 岁的儿子，一大早在北京天安门看过升国旗仪式后，首要任务就是去西侧的军事博物馆搜寻一辆重要的坦克。嗬，这儿的武器真不少：老式的飞机、大炮、导弹、步枪、机枪，还有叶挺的指挥刀等。终于，我看到了那一辆编号为 545 的苏联造 T-62 式中型坦克。

这是一辆苏联二战后研制的第二代坦克，1962 年研制定型，1964 年开始装备部队，1975 年停止生产，共生产了 4 万辆左右。该型坦克第一次面世是 1965 年 5 月的莫斯科红场阅兵式，其先进的技术性能引起了世界的震惊。T-62 坦克采用 115 毫米滑膛炮，配用超速尾翼稳定穿甲弹，可在 1000 米内击穿 450 毫米的装甲，还配有一挺 7.62 毫米 PKT 机枪。坦克全重 37 吨，乘员 4 人，最大速度 50 千米 / 时，装甲厚 20 ～ 170 毫米，装有较大动力引擎、夜间瞄准装置和低矮的流线型炮塔。该坦克当时被称为是“防弹外型最好的现代坦克”。

看到这辆坦克，我的内心无比激动，因为我完成了一位已故老领导、老军人的嘱托。我要把它背后许许多多不为人知且回味绵长又精彩的故事，来分享给大家。

图 1　军博展示的 T-62 坦克

见到坦克，就不能不想到珍宝岛。展板说明上证实：这辆坦克正是 1969 年 3 月 15 日中国边防军在珍宝岛对苏自卫反击作战中的战利品。它在出厂服役后只行驶了 515 千米即被中国边防军击毁缴获。

年纪大一点的中国人大概都会记得珍宝岛这个名字。因为 1969 年 3 月在乌苏里江这个仅有 0.74 平方千米的小岛上爆发了震惊世界的“珍宝岛事件”。当时我还在大连 31 中读书，就是在听到珍宝岛十英雄的事迹后，萌生了当兵的念头。

家里开始并不同意我离开家，因为那时我家的姐姐、哥哥已先后当兵离家了。如果我再当兵，家里就只剩下了多病且无人照顾的母亲，父亲则长年在外顾不了家。终于在给在部队工作的父亲写了一封又一封的当兵决心书后，在母亲的支持下，我于 1969 年末当上了一名陆军通信兵。

刚到部队，我却闷闷不乐，因为我的部队不在珍宝岛，而是在离珍宝岛 1500 千米远的一个代号叫作“402”的通信部队。这里的一切都是陌生而艰苦的：要适应睡几十人滚在一起的大通铺、听不可抗拒的起床号、叠豆腐块一样的军被、吃像子弹一样硬的高粱米饭、行几十公里的夜间野营拉练……但这些，我都不在乎，就是郁闷没有在珍宝岛当兵。

不久我又高兴了，我这个部队其实和珍宝岛也挺有缘。我的顶头上司、车间主任——范永征，就是当年 3 月在珍宝岛完成了从 T-62 苏军坦克里拆卸电台任务的二等功臣。这是在一次功臣报告会上才知道的。

看过电影《英雄儿女》的人都知道电台的重要，它是千里眼、顺风耳。英雄王成就是靠一部电台呼来我军的炮火，狠狠消灭了敌人，保证了胜利。

据范永征讲，从 1969 年 3 月 16 日至 4 月 29 日，双方围绕这辆政治军事价值都突出的 T-62 坦克展开了激烈的争夺大战。当时中苏关系十分紧张，西方也对我实施全面技术封锁，我国在研制新式中型坦克过程中遇到了相当大的困难。如果有这辆采用大量先进技术（包括电台）、具有当时世界先进水平的坦克，并将其进行解剖研究，就会像后来的王伟事件迫降的美军 EP-3 型电子侦察机和辽宁舰那样，大大加速我军新武器、新坦克的研制生产。于是在 3 月 22 日苏军拼命炮击坦克的危险下，老范和一些专业技术人员爬上破坦克，花了几天时间，把能卸的东西都卸下来了，包括车长指挥潜望镜、驾驶员红外潜望镜、炮长红外潜望式瞄准镜、炮稳定器陀螺仪、炮塔电动机、电动加油泵、自动灭火装置、自动车外退壳器、炮塔电源控制器、杆状天线、车内通话器等，特别是他亲手取出了电台。后来，我军就有了新坦克和新型调频坦克电台。

为了打捞和拖走这辆坦克，当时参与作业的解放军和民兵、技术人员共牺牲 36 人，负伤 36 人，付出了重大代价。

我真没想到平时那样谦和朴实的老范，居然是一个立过功的大功臣。正是他告诉我，一个人要想在我们单位有出息、对国家有用，就要好好学习技术。在那个政治挂帅、不重视业务的年代，范永征可谓是以自身体会讲出来了真话，对我帮助很大。

想到学好本领就有可能上珍宝岛、上边防前线，我便拼了命学习、进步：1973 年 18 岁时就入了党，1974 年又在同年兵中第一批被提为干部，像当年范主任那样，当上了一名军队无线电技师。

8 年后，我终于等来了机会：由于我所在的部队负责全沈阳军区通信保障任务，加上我那时可以独立工作，不久我就真的去了一回珍宝岛修理电台。那是 1977 年 3 月，我们 8 位同志，开着两辆汽车一路从牡丹江、密山、虎林最后到了珍宝岛。

那时的边防行，真的很冷很艰辛。由于每年黑龙江 5 月末化冻后道路会反浆开不了车，所以我们得在寒冷的冬天出行。解放牌大卡车行驶在覆盖着冰雪的边防路上，险情丛生，如果抛锚，战友们还要用铁摇把轮流发动汽车。

那天，终于到了珍宝岛，我的心情无比激动。我先在 209 高地悄悄拍下一张一生难忘的身后是珍宝岛的照片（边境无小事，在那个中苏关系紧张的年代，拍照也有可能越境，对方会抗议的），又划着小木船上岛。官兵住的第二代小二楼营房很简陋，仅有 26 平方米。我在那儿看到了想念的珍宝岛战友，走过了战士修的金水桥、北京路，还在那棵看似极为普通的山榆树——“英雄树（又叫杨林树）”前，庄严地向我心中的英雄敬了军礼！现在想一想，当年能在岛上修一回电台、电话，该是一件多么光荣和幸福的事啊！可惜这次没看到坦克，因为它已经被军博收藏了。

后来我在 1993 年转业了，有一次回老部队看范主任，他对我讲了一个遗憾：说那年光顾着完成拆电台任务，还真没好好看看坦克呢，有时间一定去军博看看。可惜，不久他就因心脏病离开了我们。那时，我就立下了两个愿望：一是上军博完成老主任遗愿；二是重上一回珍宝岛。

这不，这两个愿望，第一个在 25 年前的国庆节实现了；第二个在时隔 40 年后的 2017 年也完成了——去年 6 月 24 日，不到 2 小时我就飞到了鸡西市，并在 25 日顺利游览了珍宝岛。

再次登岛，感觉大不一样：40 年前是以警惕性极高的军人身份为保卫祖国来执行战备任务的，此回则以退休游客的身份轻松感受了宝岛的魅力。那时是“路难行，人稀少，北大荒，真荒凉”，此次重游，大吃一惊：天翻地覆啊！都找不出旧时的模样了。高速公路通到远方，边防路修得有模有样，尤其是珍宝岛湿地景区更是美得不像个样！登岛小木船已被时速达 50 公里的“飞龙”快艇代替；军营已经是第五代三层小楼，像一座花园别墅；执勤手段也都是现代化的监控视频网；十多年前的用的风力发电机已被水下电缆代替……

当我又一次来到“英雄树”下体会那个激情燃烧的岁月时，禁不住心潮澎湃。我想起了“珍宝岛十英雄”和那些烈士们，想到了范永征和那辆军博里的坦克。我们永远不要忘记这些为共和国强盛而英勇流血牺牲的英雄。在许多回忆珍宝岛事件过程的资料中虽然有很多的人物和史料，但我未见到范永征冒着敌人炮火、冒着死亡威胁取出坦克电台的故事，因此我要把他写出来，让后人知道他，怀念他。

谢谢军博保留了坦克，留下了那么多历史、军史的珍贵老物件和永远的回忆！是珍宝岛让我在1969年毅然决然当兵保家卫国，是范永征让我知道那辆坦克和军博，是军博让我懂得好生活来之不易，要永远跟党走到底！

明年是2019年，也是珍宝岛战役和那辆坦克被军博收藏50年，我一定要再上北京中国人民革命军事博物馆去参观。

我与博物馆的二三事

北京工业大学　孙　玥

记得之前有一个阶段我有些不喜欢博物馆的氛围，可能是因为小时偏爱热闹的环境。可随着年龄愈渐增长，我反倒慢慢爱上了博物馆的厚重与宁静。它打破了时空的壁垒，与另一个年代的记忆相交织，徜徉其中，仿佛心都静下来似的。于是，我常常短暂地抛却俗世的繁杂，只在这一片肃穆中体味历史的余韵，做一位历史的过客，隔着展柜与那些历史老物件儿来场心灵的对话。

最初的最初，我是带着求知欲走进博物馆的。也许是掺杂着一丝功利的心态，希望通过掌握更多的知识从而考取高分，所以选择走进博物馆。不同于历史书本中纯文字的叙述和间或穿插其中的图片，这些陈列在博物馆中的历史文物更加鲜明、直观地展示出历史的原貌，配着旁边的注解，将历史更生动、更立体地呈现在我眼前。小学时，语文老师为了增加大家的知识储备，锻炼同学们的语言表述能力，要求每天 2 人轮流上台讲《上下五千年》中的历史故事，这算是我与历史的初次相遇吧。进入初中后，学习的课程中多了一门历史课，从元谋人讲起，将中国的历史娓娓道来。记得初中历史开课后不久，历史老师就组织班级进行了一次集体活动——参观山西省博物馆。虽然那些展品被泥土掩盖了千年，但拂去这些，只要它静静地陈列在那里，就带着时光的流转和历史的印记，会无声地告诉你属于那个年代的更迭。本该是停留在书本中文字描述的饰品、服饰真实地出现在你眼前，本该是依据书本描摹自己想象的武器、器皿等也许与脑海中的截然不同。这次参观博物馆的经历算是我与历史的再触及吧，而且是如此近距离的接触。这之后，我便常常留心博物馆中有哪些展览，每次都抱着孜孜不倦的态度去汲取各种知识。得益于此，初中以来历史一直是我引以为豪的一门学科。

之后的之后，走进博物馆已成为我的一种习惯。去陌生的地方旅游时，我会下意识地去当地的博物馆转转，每次都会有小惊喜，也会有新的沉淀——从另一个角度了解这座城市，与千年前的城市交流。慢慢地，这种习惯好像深入骨髓了，并在一点点影响着身边的人。记得读大学时高中同学来武汉找我玩，还会要求我带着去湖北省博物馆转转。大学时，我不一定是黄鹤楼登高的常客，不一定会渡江去探访那片鹦鹉洲，但总会去省博走走。曾侯乙编钟、越王勾践剑、元青花四爱图梅瓶、郧县人头骨化石都是我那 4 年里熟悉的“历史沟通者”。刚开始，我会追着讲解员小姐姐听她讲这些文物背后的历史故事，后来我已经可以作为同学们的向导和讲解员为他们介绍曾侯乙编钟一钟双音的奥义所在。这时，我已不满足于仅仅是走近博物馆，而是希望能与其有更深入的交流，能真正地走进其中，感悟这些历史背后的喜怒哀乐，回味另一个时代的精彩所在。

最后的最后，我是携着一身荣光走出博物馆的。读研究生时，我来到北京，相较于其他城市，这里有着更加丰富的资源，各种博物馆、各种历史展览等着我一一去亲历。之前是带着倾慕的心情来博物馆，抑或是夹杂着各种感慨唏嘘来看各件展品，但现在反而能以一种平静的心情去看过往，去思考历史。慧能曾说：“菩提本无树，明镜亦非台。本来无一物，何处惹尘埃。”这种能跳脱于历史之外再回溯历史的境界也是我希望达到的。之前读刘瑜的《我想乘一艘慢船去……》，其中有一句话：“大海，我当然见过，但都不是‘传说中的大海’。‘传说中的大海’应该是寂静地蓝，热带地蓝，海明威式地蓝，令老人回忆起童年、令孩童回忆起前世地蓝。”我想说的是：历史，我当然了解过，但都不是“那年那日的历史”。“那年那日的历史”应该是可触的历史，有温度的历史，属于那个特定时代的人的历史，令人心生敬仰、令人叹为观止的历史。每个人都向往滚烫的人生，可如果能从头再来，我想大多数还会选择平淡地活。虽然我也会因博物馆中陈列的历史老物件儿对那段历史心生好奇，但每回走出博物馆反倒更对当下心生感激，平淡地继续自己的小美好，平淡地活出属于自己带着荣光的历史。我想这也正是博物馆除了普及历史知识外，所想传达出的一种正能量。愿与博物馆共成长，携着一身荣光，不求在历史长河中留名，但求活在当下、珍惜当下、无愧于心。

成都博物馆视阈下蜀文化的流变与融合

温州大学人文学院　曹瑞冬

博物馆是客观记录人类文明发展历程的重要载体，是呈现地域特色文化的鲜明记忆。成都市博物馆是具有本地特色的博物馆，成功地实现了蜀文化的地域性保持与传衍，适应了四川地区的文化气氛、公众文化心理和文化需求，并在保护历史、展示精髓、阐释文化的过程中增强了公众对蜀文化特性的认同与自豪。利用蜀文化的成就缔造社会主义价值观，是全球化趋势下成都博物馆发展的迫切任务和重要使命。但在博物馆视阈下对蜀文化的价值进行挖掘和传承，应首先厘清蜀文化的演变脉络、发展历程和内涵特征。事实上，博物馆是一座城市的文化标志，是展示城市文化基因和演变脉络的集成窗口，公众社会对它的认同折射出时代之变迁与文化之流变。就成都博物馆集中展示的蜀文化来说，四川既保持着地域文化的个性和特色，也在被纳入中国版图体系的过程中与中国文化日益趋向同一。本文试图立足于成都博物馆，深入挖掘展品的文物内涵，精确突出四川的文化表达，探究蜀文化的流变与融合进程，以期对当下中华优秀传统文化的传承提出一些可行性建议。

一、蜀文化的产生与形成期

三星堆的发现证明了长江流域与黄河流域一样同是中华民族的发祥地，证明了长江流域地区存在过不亚于黄河流域地区的古文明。它有理由令人相信，巴蜀地区是中国夏商时期前后，甚至更早的一个重要的文化中心，并与中原文化有着一定的联系。三星堆博物馆分为“三星伴月——灿烂的古蜀文明”综合馆和“三星永耀——神秘的青铜王国”青铜器馆两个展览中心。综合馆围绕农业与商贸、陶器、玉石器、冶炼、通天神树等展品，集中展现了古蜀雄踞西南2000年的沧桑史；青铜器馆以青铜人首鸟身像为主体标志性雕塑，辅以大型铜质浮雕背屏，通过连续递进的场景组合，全面系统地展示了三星堆的青铜雕像群以及一批古蜀青铜神品重器，陈列有奇秘的面具、神巫的群像、祭祀的典礼、群像的领袖和宗庙的神器等，也包含了考古人员对三星堆遗址的挖掘记录。

震撼与冲击是三星堆文物带给观者的视觉印象，陶器、玉石器、冶炼等文物无一不展示了古蜀地区的璀璨工艺。例如，有一玉璋两面各线刻有一牙璋图案，在射端张开的“鱼嘴”中，镂刻有一只小鸟。该器制作精美，综合运用了镂刻、线刻、管钻、打磨、抛光等多种工艺，在选材上还充分利用玉料的颜色渐变，随形就势地表现了鱼的背部与腹部，可谓匠心独具、巧夺天工，并在厚度上达到了极薄状态。又有镇馆之宝“通天神树”。该树包含底座、树身、龙三部分。底座圈上三个拱形足既如同树根，又颇似神山；主干上三层树枝均弯曲下垂，树枝尖端有花朵果实，其上均有立鸟；全树共九只鸟。主干侧有一身似绳索的残龙，头上有长短犄角、圆眼、张口露齿，昂首触地，身上五指龙爪似人手，羽翼似刀，尾部朝天，似从天而降。这株铸造于3000年前的青铜神树，结构合理，层次丰富，很有立体感。通天神树结构复杂的造型、精美独特的工艺，可谓举世无双。但馆中陈列的青铜面具，大多数只能用“夸张”来解释其神秘，譬如它们凸出的眼睛。在三星堆的面具中，有一类特别引人瞩目，这就是眼睛长出来足有16.5厘米的“青铜纵目人像”，俗称“千里眼”。另外，这些面具的耳朵、鼻子和嘴巴也都特别大。

这些面具呈现的未必是古蜀人的真实面貌，应该掺杂了许多关于神灵、神话、宗教、信仰的想象，也引发了今人对古蜀文化在历史、族属、社会、宗教、文化艺术等方面的全方位猜想。综合运用考古学、历史学、美学、人类学、宗教学、科学史等解释系统，我们可以想象，古蜀先民把当时最先进的工艺水平、最虔敬的礼仪与热情，倾注到了三星堆器物的制作上面。神话、巫术、宗教共同组成了三星堆文化的基本语汇，他们制作出的“鸟脚人像”，想象极为奇特：上身残缺，臀部穿刻花短裙，双足呈一对鸟爪造型，踏在大鸟的头顶，从残缺的鸟翅和修长的鸟腿仍然可以看出其飞扬的造型，实在是优美之至！一件青铜大鸟头，有块面，有线形装饰，有一二角形装饰，写实又极富装饰感。太阳始终是古蜀先民膜拜的符号，而有了鸟脚的助力，便能抵达他们崇拜的理想。另一方面，被誉为“东方巨人”的三星堆祭祀坑的立人像身高 1.7 米左右，连座通高 2.62 米，重 180 千克，被尊称为“世界铜像之王”。这不是一件写实风格的雕像，从人物的骨骼上分析，他的躯体不符合正常人的比例，在世界的任何地方都找不到长有这般躯体的人。那么粗那么大的手，那么细的身体，那么长的脖子都无法和现有的人种联系起来。也就是说，这件雕像表现的不是一般意义的人，只能把它解释为一种艺术造型，一种抽象的、程式化的东西。而这种不是一般意义的人应是能与天地神明沟通的巫师领袖。

二、蜀文化的发展期

秦汉至隋唐时期是蜀文化的重要发展期。这一时期的蜀文化在被纳入国家政治版图的过程中逐渐糅合了各民族之所长，撷取了长江、黄河两大流域文明之精华，与钟灵毓秀的自然山水相互辉映，形成了绚美迷人的川蜀风情。李冰、司马相如、扬雄、陈子昂、李调元等许多名人雅士，纷纷扩张国家权力并建设民族利益共同体，在这古老的土地上创造出独立又统一的广汉文化。

都江堰市博物馆位于都江堰核心景区离堆公园的荟萃宫内，占地面积 2300 平方米，整体为规整的矩形。博物馆共分 5 个展厅，通过抬升处理形成了立体空间，并采用了实景再现方式。博物馆中有李冰和堰工的石像，还有当时的石刻水塘、石马、石俑等。都江堰位于四川省成都平原西部的岷江上，今都江堰市城西，是著名的古代水利工程。在都江堰建成以前，岷江江水常泛滥成灾。公元前256年，秦国蜀郡太守李冰及其子，吸取前人治水经验，率当地人民兴建水利工程。都江堰工程包括鱼嘴、飞沙堰和宝瓶口3个主要组成部分，建成后，成都平原沃野千里，成为“天府之国”，直到今天都江堰还在发挥着作用。此外，都江堰一带还有二王庙、伏龙观、安澜索桥等名胜古迹。二王庙主殿分别供有李冰父子的塑像，并珍藏有治水名言、诗人碑刻等；伏龙观殿内有东汉堰工石像、唐代金仙和玉真公主在青城山修道时的遗物——飞龙鼎；安澜索桥位于都江堰鱼嘴之上，被誉为“中国古代五大桥梁”。李冰兴修都江堰的文化意义在于，伴随着秦汉水利和农业系统的建立，它被纳入了王朝中央的经济版图中，王朝中央由此掌控了蜀汉先民的生产生活方式，进而主导了地域文化的一体化和国家化进程。恰如《都江堰实灌一千万亩碑记》所写:“自秦以降，都江历经修整，治堰代不乏人，‘深淘滩，低作堰’；‘遇湾截角，逢正抽心’，世代承传。由是，水晏河清，岁岁安澜，自流灌溉三百万亩；川西沃野千里，水旱从人，禾黍连云，稻粳如金；有唐一代，‘扬一益二’称于天下，水能兴邦，此之谓也。然水运系乎国运，风流人物还看今朝。”都江堰实际上已成为中华民族的象征，代表了蜀文化日益趋向同一，走向中原统治圈。

同作为西蜀胜景的青城山却体现着另一种人生哲学，是另一种人生观所能达到的最高境界。青城山是中国道教的发祥地之一，也是道教文化的荟萃地。东汉末年，相传张道陵在青城山赤城崖舍设坛传道，并用先秦“黄老之学”创立了“五斗米道”，即天师道。张道陵在山中“羽化”后被奉为“天师”，青城山则被封为道教十大洞天中的第五洞天。自此，青城山便以道教发源地和天师道祖山、祖庭名标史册，先后辟有道观70多座，至今仍完好保存的有38座，并珍藏着大量古迹文物和近代名家手迹，堪称一座纵横千百年的道教“博物馆”。道教以虚无为体、清静为宗、柔弱为用、无为不争，讲求清静寡欲、胸怀宽容、济世利人、慈心于物。而符合唐人审美趣味的乐山大佛，为弥勒佛坐像，是中国最大的一尊摩崖石刻造像。乐山大佛头与山齐，足踏大江，双手抚膝，体态匀称，神势肃穆，依山凿成，临江危坐。在大佛左右两侧沿江崖壁上，还有两尊身高超过16米的护法天王石刻，与大佛一起形成了一佛二天王的格局。与天王共存的还有数百龛上千尊石刻造像，宛然汇集成庞大的佛教石刻艺术群。按照佛教教义，弥勒佛是三世佛中的未来佛，象征着未来世界的光明和幸福。一座肩与山齐的弥勒佛严肃地矗立于乐山浩浩荡荡的三江汇合处，还有一座佛教文化的灯塔矗立在天府之国的中心地带，影响着蜀地先民积极诉求于中央支持的宗教信仰。

以水为中心所形成的传统农业文化、现代城市文化及生活是四川人文资源的亮点，也是地处岷江流域的四川盆地的基础。有研究表明，岷江流域的文化核心是宗奉道教和佛教，这可以从四川人民善于休闲，民间文化多有幽默、讥讽的个性中得到印证。这些宗教文化场所又往往与岷江流域的自然风景合为一体，形成了人文与自然天然混合的非凡魅力，对保持四川文化生态的可持续发展发挥着持久的影响。

三、蜀文化的成熟期

宋元是蜀文化的成熟期，并在明清时期渐趋鼎盛。这一时期，蜀文化深受商业文化的影响，带上了实用化的思想痕迹。宋元明清在农业、手工业、商业等各方面都获得了新的发展，特别是商品经济日趋繁荣，这使得社会各领域特别是经济领域提出了深刻广泛的交流要求，蜀文化便在这种资源共享和贸易活动中跨越了蜀道，迈向了广阔的多元世界。

成都博物馆新馆位于天府广场西侧，与四川省图书馆、四川美术馆、四川科技馆、锦城艺术宫等建筑毗邻，天府广场文化中心区域的空间格局进一步得以完善。“这将是一座综合性、现代化的博物馆，肯定会是国内领先世界一流的文化建筑。”成都市博物馆已收藏各类文物2万余件，形成了上至远古石器时代，下迄民国时期的较为完整的藏品系列，收藏的青铜器、金器、银器、玉器、陶器、石器、瓷器、石刻及字画、家具等，在数量和质量上都已形成规模和体系。首层为大厅、放映厅、一号临展厅，地下一层为二、三号临展厅，上二层至三层为成都历史文化陈列古代篇，四层为近世篇和民俗篇。其中，三层的展品充分展现了蜀文化成熟的重要标志——瓷器。例如，1975 年在四川成都出土的“广元窑兔毫盏”高 73 厘米，口径 122 厘米，足径 5 厘米，体施黑釉，釉色漆黑光润，表面密布灰色兔毫状纹，侈口，斜腹下微收，饼足，是宋代流行的经典茶盏。此外，馆内还藏有宋代船厂的模型，从船舱到船箱，从船桨到船帆，制作精细，适合大规模的远航贸易。这意味着四川积极寻求与外部世界的沟通联系，逐渐成长为西南地区重要的交通经济枢纽，创造了璀璨辉煌的广汉文明。

从明清到近世，一座具有鲜明个性的成都呈现在街头记忆中，正如四层的民俗篇向我们展现了蜀文化发展的另一重要趋势——大众化和世俗化。衣食住行等民众日常生活在民俗篇中被展现无遗，明清时期成都各个有名的街道，以前茶馆的一幕幕场景，曾经的四川麻将、棋牌，通过 3D 投影等技术，向我们展示了四川的饮食文化、娱乐文化、历史文化。而各种节日既杂糅了蜀地的特色风俗，也日益和中国文化相统一，如春节的门神既有川剧之特征，又有近世之彩绘技术。茶馆和酒楼无疑是蜀文化展示的集中窗口，它们是公众文化的代表。民俗篇中的“成都三庆会剧社”“茶馆”“打金章”等市民生活场景生动还原了成都人的生活，川音缭绕，不仅让人感叹成都人惬意的生活方式，而且让人佩服成都人乐观积极的生活态度。另外，老茶馆、姑姑筵、努力餐、鹤鸣茶社的六腊之战，劝业场、西洋镜、陈麻婆前身“陈兴盛饭铺”、南堂馆……每一个场景都做得栩栩如生，生动有趣，也是大家逛馆拍照的好地方。

从民俗的视野来看，四川的文化是繁荣的，但依旧保留着本土重要的民族特色，譬如“坝坝宴”。“坝坝宴”是川东北一带农村特有的传统民俗盛宴，每逢红白喜事、生崽满十、起屋等都要摆席，少则几桌，多则几十桌，远近乡邻亲友，男女老少倾巢前来，其盛况不亚于城里餐馆。宴席一般是在房屋地坝摆开，故称“坝坝宴”，而菜品中的肘子、烧白、酥肉、扣肉、蹄髈、红烧肉、夹沙肉、八宝蛋、糯米饭等，则是坝坝宴中不可缺少的主打菜。另外，郫县川西民俗风情表演、川剧坐唱、千人百桌坝坝宴、绿道骑游观乡村田园风光、海棠诗会，都江堰市仿古祭祀表演、街头群众文艺表演等，都具有奇特的本土特性和靓丽的民俗风味。以茶馆为例，四川不断地融合吸收外来文明，并形成了明显的本土特征，将其发展成为一种相对独立的区域文化。又如四川的皮影艺术。四川的皮影虽然源自外省，但进入四川以后，做出了一些适应四川文化及四川实际情况的转变，如就地取材，将北方羊皮皮影改为牛皮制作，使制作的原材料更易获得；而唱腔采用四川腔这一转变，更显示出四川文化对一个外来文化形式的内核转变。影戏虽然各省都有，但之所以称为四川影戏，在于它独具的四川文化特点：高大的影偶、复杂的结构、更为逼真的胡须和独特的四川唱腔。这些艺术形态的转变，标志着一种属于四川的皮影戏正式产生了。这是一种属于四川的艺术，以其不同于其他地域的艺术外形和艺术内核，成为中国皮影艺术的一个独特分支。成都博物馆中的许多文物承载了蜀文化的独特记忆，而这些记忆渐渐成为我们的传统，赋予了蜀文化发展的重要内涵。

四、蜀文化的没落及新生

清末，在西方的船坚炮利和文化的裹挟之下，帝国主义的经济掠夺、地主商人高利贷者的榨取、军阀官僚的强制搜刮、土豪劣绅的跋扈、民团土匪的横行、天灾的频发，导致传统文化及具有地域个性的蜀文化遭遇崩溃解体的危机，出现了几千年未有之大变局，传统的四川进入风雨百年的近代社会。

成都市博物馆的“锦城楼下二江流——城市变迁篇”，借助多媒体展示了从古到今成都城市格局的变迁，而“玉垒浮云变古今——近世风云篇”则以历史档案为主，重笔渲染成都波澜壮阔的近现代历史。1903年，作为现代城市管理机构雏形的成都警察总局成立，它在一段时间内承担了城市管理的主要职能。1922 年，成都市政公所设立，标志着市建制的正式形成。1928 年，成都设市，成立市政府，其作为现代都市的地位正式确立。经济方面，20 世纪初，成都新型工厂、公司、商业综合体陆续涌现；1909 年，启明电灯公司成立；同年，集餐饮、购物、娱乐为一体的劝业场开业；1924 年，连通东大街和商业场两大商圈的新式商业中心——春熙路建成，城市产业形态发生显著变化。抗战爆发后，在东部内迁工厂企业等多种力量的推动下，成都工业、商业、金融业等全面发展。除此之外，馆内还陈列了四川地区新式学堂和高等学堂的建立，以模型或档案资料的形式呈现给我们，成都在现代科学技术的推动下逐渐纳入“国家化”的版图。而近代一系列的战争及新思想的传播，进一步瓦解了四川民众对于“传统”的定义。

晚清变局、同盟会在四川、保路运动、军阀割据、成都解放这些历史都折射出现代化的变革。随着时空的转移，特别是近代交通的发展和政治的冲击，地域间的交流不仅更频繁，规模也在扩大，蜀文化这种地方文化和国家文化的含义也在发生变化，而国家文化至少包含了以下三个要素：第一是由国家权力来提倡和推动的；第二是有利于中央集权的；第三是有一个全国的统一模式。不得不说，蜀文化的没落是近代国家权力强制介入四川地方、统一一切制度的结果，也是国家权力无限扩张和国家文化的胜利所带来的后果。现代的中国比任何时候都更步调统一，但比任何时候都缺乏文化的个性和多样性。今天，中国的城市建筑虽然是丰富多彩的，但城市外观和布局千篇一律，地域文化正在逐渐消失。现代化使得中国文化日益趋向同一。中国是一个崇尚大一统的国家，许多人有着强烈的国家情结，认为只要是为了国家的大一统，可以付出任何代价，他们对地域文化的衰落以及消亡是不会有一丝半点的遗憾的。一个统一的意识形态、统一的民族文化、宏大的国家叙事，无疑在建构强势的国家政权中可以扮演积极的角色，同时还能满足那些具有强烈国家意识的人们的野心。但是，蜀文化是经过沧桑的历史变迁而发展成的一种具有丰富内容和优秀品质的文化力量，它承载着民族前进的动力，蕴藏着民族根脉的智慧，增强着中华民族的自信心和自豪感。

如今，我们进入了将传统文化作为国家战略支撑之一的新时代，在坚持国家一体化标准的同时也给予地域文化高度支持和热切关注，恰如当下对中国优秀传统文化的回归与重构渴求。当代博物馆致力于文化城市建设，一方面应动态反映城市在历史发展过程中的方方面面，以文化传承者、文化记忆者的身份影响城市的精神文明。另一方面，应不断更新管理理念，调整自己在整个社会中所承担的角色，形成文化品牌，以不断提高的影响力参与到城市建设之中。例如，成都的武侯祠博物馆是中国唯一一座君臣合祀祠庙和最负盛名的诸葛亮、刘备及蜀汉英雄纪念地，也是全世界影响最大的三国遗迹博物馆，享有“三国圣地”之美誉。武侯祠博物馆现分为三国历史遗迹区（文物区）、西区（三国文化体验区）、锦里民俗区（锦里）三大板块，面积 15 万平方米。整个武侯祠坐北朝南，占地面积 56 亩（37000 平方米），祠内翠柏森森，殿宇重重，布局严谨，庄严肃穆。为了更好地提高大众对三国文化的认识，成都武侯祠博物馆开展了丰富多彩的公益性活动，如招募小小讲解员、开办三国学堂，更在成都大庙会等节日活动中集中展现三国文化的魅力。

博物馆作为一座城市的文化高地，想要发挥自身职能，做好传承中华优秀传统文化的窗口和阵地，举办群众喜闻乐见、文化底蕴深厚的精品展览便是一个非常直观而有效的手段。因此，成都博物馆应满足积极策划优质展览、持续提升科研水平、大力推广宣传教育、着力扩大交流合作、保护传承文化遗产、推动发展文化产业、注重培养优秀人才、不断增强创新能力等要求，努力使自己成为蜀文化与历史记忆的有效展现窗口，而这一切需要我们不断发掘其地方文化内涵。

过足了博物馆的瘾

柯秉刚

去年春节的 7 天假中我有 5 天泡在博物馆：初一，国家博物馆；初二，首都博物馆；初三，中国美术馆；初四，休息；初五，孔庙国子监博物馆；初六，中国邮政博物馆；初七，休息。真正美美地过足了博物馆的瘾！

初一，我走进了国家博物馆。在古代展厅，第一眼看到司母戊鼎时，我就感觉瞳孔扩大，眼睛放光。自己知道，这是看到喜爱的物或景时所产生的生理反应。别人也许会问："真的有那么激动吗？"答案是"yes！"因为它姓青铜，因为在老家有公元前 13 世纪时的大冶铜录山古矿冶遗址，有青铜器具遗存，而安阳更是有着那个时代的司母戊鼎。看来从大冶到安阳，两地的祖先都在不谋而合地进行着青铜器具的生产，应该是大智慧使然。爱屋及乌啊，怎么不为家乡铜斧、铜锛，怎么不为安阳的司母戊鼎骄傲一把？

初次见面，受保护措施的限制，不能握手言欢，可总得有点意思吧！于是问工作人员，我能拍照么？她说可以。在很多地方，有些遗存是不让拍照的，听她那么一说，我立马掏出手机，前拍后拍，左拍右拍。

曾经的司母戊鼎，现在被更名为后母戊鼎。有人说，称后母戊鼎是因为鼎腹内壁铸有铭文"后母戊"三个字。到底是读"司"还是"后"，只有当年铸字的人最清楚，可惜人家早已作古，叫作死无对证。"后"

派的理由是，“后”的意义相当于“伟大、了不起、受人尊敬”，“后”与“皇天后土”中的“后”同义。你信吗？你信当年铸铭文的人大脑里所想的就是“后”派们所言的溢美之辞？你查到了当年就有“皇天后土”一词的出现和应用？其实，称“司”还是叫“后”都并不重要，重要的是让人知晓了3000多年前，咱们的祖先就是那么有能耐，设计铸造出如此庞然大物；知晓了咱们的祖国有着那么悠久灿烂的物质文明和精神文明。

国博是博物馆的带头大哥，它把相隔几千年、相距千山万水、反映着中华民族历史的精华聚集在了一起。虽然你没有和大禹并肩治水，虽然你与孔孟不是同龄人，虽然你不曾成为唐诗、宋词中的一朵小花……可当你走进一个个陈列室，站在一件件物品前，就仿若在与列祖列宗进行着一场场说不完的文明对话。当你参观完国家博物馆后，绝对是非常愉悦地完成了一次五千年文明的穿越之旅。

年前读台湾翻译出版的《中国绘画史》时，我就被美国人高居翰（james cahill）赞誉中国绘画的语言所震憾：中国有一部辉煌的绘画史。后来，我又在儿子的书架上看到了《你应该读懂的100幅中国名画》。聊起这2本书时，儿子便提议去中国美术馆看画。

初三，我们在中国美术馆重点看了“美在生活——全国写生艺术展”。因为它的展品不仅有全国25家专业创作机构的征集作品、一批特邀名家的写生作品，还有一批馆藏经典，一共400余件。

如若每件观摩3分钟，就得在展厅住上一宿，这当然是不可能的。最有效的办法是将自己喜爱的作品及简介用手机拍摄下来，回家后联到计算机上，爱怎么看就怎么看，想什么时候看就什么时候看。如此，我便边看边拍，大脑有时也在看与拍中对有的作品突发奇想。比如，拍吴作人的《画家齐白石像》。吴作人是画界名家，齐白石更是名家中的名家，况且白石老人以93岁高寿辞世，如若将照片打印出来，写上“寿与白石先生齐，借吴作人先生之画，献给某某某”几个字，再用相框装好，送给几位即将过80大寿的老友，肯定比送个什么花篮有创意，比送厚厚一扎红包更能讨得他们的欢心。

李可染先生根据毛泽东词《沁园春·长沙》创作的《万山红遍》，是我一直神往的作品。依据掌握的资料，李先生一共画了7幅《万山红遍》，其中4幅分别捐赠给中国美术馆、北京画院和北京荣宝斋，已经成为人家的镇馆之宝。而其他3幅呢？分别于1999年、2012年、2015年被拍卖，特别是那幅用料中含有“半斤清宫内库旧藏朱砂”的《万山红遍》，2012年的成交价达到29325万元。

进馆的时候我们就看到告示上明明白白地写着美术展有馆藏经典展出，可为什么参观完后却没有看到《万山红遍》？走出展厅，我们问了一位年轻的工作人员，但他答非所问；再问一位年龄大点的，他肯定地说，你去六楼看看。

六楼电梯门一开，我们一眼就看到了“藏宝阁——典藏精品陈列室”；走进阁来，看到了李可染的《万山红遍》。50多年了，画作依然是那样光彩照人，比起电视上的介绍、比起翻阅画册，直观的真切感让我的语汇贫乏起来。藏宝阁不光有《万山红遍》，还有任伯年、齐白石、黄宾虹的传统绘画，吴作人、吴冠中的中国油画，刘开渠、熊秉明的小型雕塑，于右任、林散之、高二适的书法精品。用馆长吴为山的话说：“陈列的作品都是最具代表性的大师名作，藏宝阁是中国美术馆皇冠上的明珠。”今天，咱能站在皇冠上围着明珠转一圈，饱览着中国现代绘画之精华，真乃三生有幸！真乃不虚此行！

从“教化”的角度，孔庙和国子监博物馆值得走一遭。初五清晨，我便站在了《大哉孔子展览》面前。仔细看去，历代皇帝都给了孔子最高的荣誉，把能想出来的名号，统统都冠在了他的头上，“大成至圣先师”就是一例。其实，名号太深奥，老百姓不一定都能懂。用最接地气的、最具体形象的话语来表述，孔子就是“民办老师”的祖师爷。因为是他最早以一己之力办起“私学”，自行招生，自行授课，没有拿国家一文钱俸禄，麾下却有弟子三千，贤人七十二个。

作为老师，孔子是最有名望的；作为知识分子，孔子更是学习的楷模。他对儒家理论、儒家文化始终保持着自信，并且毫不动摇。当他被别人嘲笑为“丧家狗”时，当他在性命屡屡遭到威胁时，还着力呐喊：

“文王既没，文不在兹乎？天之将丧斯文也，后死者不得与于斯文也；天之未丧斯文也，匡人其如予何？”可以说“子畏于匡”是孔子对儒家理论坚定性的最好见证。

孔庙与国子监东西相连，构成左庙右学之格局。看国子监，辟雍殿则非看不可。我走进辟雍殿时，正碰上外地旅游团队在参观，导游口若悬河地介绍说，国子监是当年全国的最高学府，临雍讲学是最高统治者对官员所上最高政治课的地方。导游或来点正史，或来点笔记小品的记载，抑或弄个道听途说的噱头，不时地引来游客的一阵阵啊啊声。

游客被导游的津津乐道所吸引，咱和他们不是一伙的，自然没有约束。年龄一大，与过目不忘相去甚远，于是我就边看边拍照：拍了辟雍殿的内饰，拍了辟雍殿的解说，还拍了游客的兴奋……拍着拍着，我突然发现了让人感动的一幕：一位背着双肩包的年轻游客，先是低头与他那只有七八岁的儿子耳语着，接着只见那小孩，手脚成立正姿势，双腿往下一跪，双手往地上一撑，跪在地上认认真真地磕了三个响头。看这爷儿俩的装束，肯定是刚下飞机或者火车，就赶到孔庙来了。千里迢迢而来，第一件事就是让儿子磕三个响头，真的用心良苦，其意欲当然是期望儿子能读书成才。作为旁观者，咱也祝愿他心想事成！

看到小孩磕头，我想起自己小时上宗祠磕头的事来。本人生在农村，自小对宗祠充满神秘感，把进祠堂祭祀看得无比神圣。每逢祭祖，听到大人呼唤参拜祖先，我就会把小手洗得干干净净，把衣服扣得整整齐齐，然后蹑手蹑脚地跟在大人后面走进祠堂。在三跪九叩中，大人表情严肃，满是虔诚，嘴唇轻微地颤动着，肯定是在表达什么诉求。小孩则按大人之前的嘱咐，跪叩时把“请祖宗保佑我读书戴顶子”念清楚就行！其实，人小啊，当时根本就弄不清什么叫“戴顶子”。只是后来长大成人，书读多了，才知道“顶子”是“顶戴花翎”的顶，是清朝的官帽。“读书戴顶子”，意思就是读书要做官！

说起“顶戴花翎”，过往我只在清宫剧里见过，真正的“顶戴花翎”，还是刚才参观“中国古代官德文化展”时看到的。所谓“顶戴”，是官员戴的帽子；“花翎”则是皇帝特赐的插在帽上的装饰品。官员因官职的不同而“顶戴”有别，一品红宝石……六品砗磲。红宝石就不说了。前些时在电视上看一档鉴赏节目，知道砗磲是一种比较贵重的饰品，正好展柜里有用砗磲饰“顶戴”的六品官帽子摆着，于是我连忙用手机拍了下来。

参观博物馆，使我触摸到历史的积淀和经验，领悟到了社会进步的源泉，唤醒了我潜意识中的文化自信与担当。如此，春节 7 天假，5 天泡博物馆，值！

顶　戴

岁月留痕：我与启功先生的一段交往

——记中国改革开放四十年

魏三纲

启功先生是我国当代著名学者、书法家。我与先生前后交往长达近20载，其间先后得到先生的书法墨迹10余件。岁月流转，目前还收藏有先生墨迹6件。现影印其中2件介绍于此，一是通过二件藏品叙说我与先生的一段交往；二是藉此忆及首都博物馆在20世纪80年代励志改革的一些往事。

第一件藏品为《约稿通知》，纸质规格为19厘米 ×13厘米，内容由

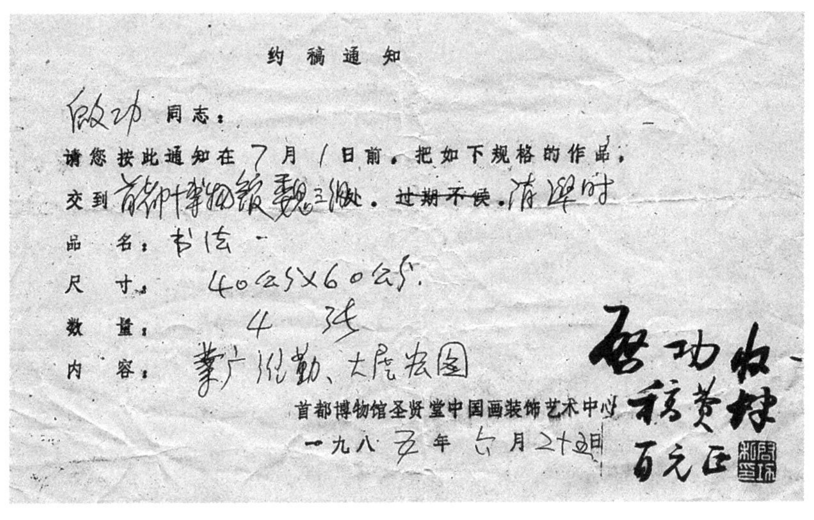

约稿通知

啟功 同志：

请您按此通知在 7 月 1 日前，把如下规格的作品，

交到 首都博物馆魏三纲处。~~过期不候~~。

品　名：书法

尺　寸：40公分×60公分

数　量：4 张

内　容：

首都博物馆圣贤堂中国画装饰艺术中心

一九八五年六月二十五日

图 1　约稿通知

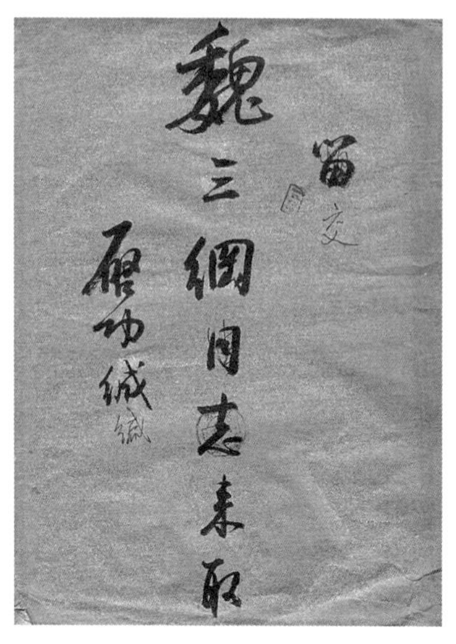

图 2　信封

3 种不同书体组成：第一部分文字为铅字印刷，内容为一般约稿通知格式化内容，无甚新意；第二部分文字是用圆珠笔手工填写的约稿内容；第三部分文字为毛笔手书稿费签收凭证。

第二件藏品是一件大牛皮纸信封，规格 36.5 厘米 ×26 厘米，上有毛笔手书“留魏三纲同志来取，启功缄”字样。

上述 2 件藏品的内容真实反映了 20 世纪 80 年代首都博物馆励志改革的人和事。内容虽然不多，但记录翔实。

根据《约稿通知》上的记录，约稿单位是首都博物馆圣贤堂中国画装饰艺术中心（下称“圣贤堂”）。圣贤堂是经当时北京的部分书画家和社会贤达倡议，于 1984 年由首都博物馆组织成立的。其宗旨是弘扬中国传统文化，让中国书画艺术服务社会，走入寻常百姓家。

当时，为了适应中国改革开放接待外宾的需要，首都许多大宾馆大饭店对内部进行了装修改造，而以中国传统书画进行装饰是一种主要的艺术形式和时尚。一时间社会对中国书画有较大需求。与此同时，一大批老书画家从政治上得到解放，焕发了新的艺术青春。社会的需要、书画家的创作热情，催生了 80 年代初期的一种“三白”现象，即书画家为大宾馆、大饭店进行艺术创作时实行“白吃、白住、白画”。具体讲，就是书画家接受宾馆、饭店的邀请，为其进行艺术创作；宾馆、饭店在为书画家提供书画艺术创作室以及必要的住宿、餐饮后，不再付给书画家其他报酬。后来，随着市场经济的发展，“三白”模式已经不能适应市场经济的发展，不能体现书画家的劳动价值了。为了更好地为社会提供服务，必须要有一种新的机制以解决供需双方的矛盾。当时许多书画家找到首都博物馆，希望它能充分利用自己的文博资源搭建一个符合市场经济机制的服务平台，有组织地为社会提供书画艺术服务。1984年，中国改革开放进行到了第6个年头。这一时期，中国的改革提出了以“计划经济为主，市场调节为辅”的理论，第一次明确了市场调节在经济体制中的作用。根据这一理论，首都博物馆勇于改革实践，适时与北京的部分书画家联合成立圣贤堂。圣贤堂的成立能够满足中国书画艺术服务社会的需求，能够满足书画家的创作劳务收入，也能适度弥补文博事业经费的不足。圣贤堂团结了一大批有影响的书画家，包括李可染、董寿平、启功、沈鹏等，在不长的时间里为首都的许多重要外事接待单位提供了艺术品服务，取得了良好的社会效益和经济效益，是北京地区有较高影响的文化服务机构。

由于我和先生比较熟悉，此项约稿工作由我具体完成。我按约稿要求找到先生送上《约稿通知》，并表示希望先生能够按时交稿。后我按交稿日期电话联系先生落实稿件完成情况。先生告知稿件已如期完成，交稿时先生有重要会议外出，嘱咐我稿件放在先生家门外报箱栏内，由我自取。我如约赶到先生家，果然见到报箱内有一大牛皮纸信封，上书是留给我的。打开一看，所约稿件不差分毫。今天想来，当时的社会环境及人际关系让人难以忘怀。数日后，我去先生家送稿费表示酬谢。一进门先生打趣说：“小魏，过去给你写字，你什么时候给过钱呀，这次怎么了？”我指着先生家桌上的《约稿通知》答道：“小魏过去请先生墨宝，实为我与您的忘年交情，今日之事实为小魏的职务工作，我已代先生办理好稿费的领取手续，请先生不要推辞。”随我的言语，先生又道：“此次你交给我的任务贵单位满意否，如若满意我就笑纳了，钱真不少，够我买多少宣纸写字呀。”随即先生取过《约稿通知》后表示：“既然你代我领取了稿酬，我也给你写一个凭证，证明我收到了稿费。”我讲：“不必了，我已经代先生办妥稿酬领取手续，就不烦先生了。”先生笑答：“我还是给你一纸稿酬签收吧。”说罢在《约稿通知》上写下“启功收稿费肆百元正”，并钤盖启功私印一枚以示郑重。先生对于钱财一丝不苟的态度，是否与先生一生的坎坷经历有关，我就不得而知了。

两件藏品一段往事，睹物思人，不胜唏嘘。先生的音容，犹如在耳；先生的笑貌，恍惚如昨。今记于此，是我对先生的思念、纪念。

今年，中国的改革开放已经历40个年头。忆往昔，岁月峥嵘；看今朝，不忘初心。今后，博物馆人应有更宽广的眼界，应担负起更大的社会责任，要有家国的使命感，“为天地立心，为生民立命”，“让文物活起来”，鼎新革故，将博物馆的各项工作统一到习近平总书记关于博物馆是“中国历史的保护者和记录者，是当代中国人民为实现中华民族伟大复兴的中国梦而奋斗的见证者和参与者”的科学定位之中。

石 犀

四川农业大学 晏天莹

一头红色的石犀，默默地卧在土里，像一个忠诚的卫士，静静地守在那里。

那石犀，大概已经在土里度过了千余年的光景，相传，它正是李冰治水时的杰作。

久远之前，曾有一个名唤李冰的秦国太守，为了蜀地的万世沃野，为了蜀人的民生福祉，治理了蜀郡的水患。这位川主和他的助手们跋山涉水、风餐露宿，最终缔造了这天府之国，更琢磨了五头石犀以厌水精。治水者们曾抚摸着它们硕大无朋却又有着几分憨态的脑袋，郑重地将镇水的重任交予它们。

“江水为害，蜀守李冰作石犀五枚。”扬雄在《蜀王本纪》中如是载述。

成都平原的黄土一点点盖过石犀的身体，直到它彻底卧在了土里。百姓们在已经填平的土地边聚集，祈求着它能为他们带去来年的安宁。千百年来，它就是这样默默地守护着中华大地的西南之隅。大概人们也已经忘记了它的留存，直到千百年后的机缘巧合，天府广场的工程在它所栖居之地动工。石犀挺着它那硕大无朋却又显着几分憨态的脑袋，出现在它所守护着的世人面前，只是这一刻，已然沧海桑田。

石犀曾默默地在土里卧了千年，却也守了千年。

有的人亦是如此。

《诗》有云：“兢兢业业，如雷如霆。”中华民族的历史，正是这样一部兢兢业业的历史。从遥远的开拓者们的“筚路蓝缕，以启山林”，到后来的守成者小心翼翼地代代珍藏，民族的继承者们无不勤勤恳恳地去经营这片极东之地。他们也许只是建造琼楼玉宇的一名微不足道的匠人，也许只是在乡土里躬耕陇亩的一介村夫，也许只是千军万马中的一粒卒子，也许只是天府广场施工现场的一个工人；他们也许不类历史的泰坦们那般震古烁今，却也扎扎实实地为民族的历史留下了痕迹。

于是，无数的奇迹在赤县神州的土地上涌现。

于是，民族的历史蛹化成民族的文化，民族的文化又涤濯成民族的精魂，镌刻在每一个中华儿女的心间。

如今的领导人们常说：空谈误国，实干兴邦。而这“实干”二字，早已植根在了这片乡土之间，大概时霖降临之际，便是其茁壮成长之时。

石犀曾默默地在土里卧了千年，却也守了千年；有的人曾默默地活了一生，却也兢兢业业忙了一生。民族的历史，总需要一些踏实做事的人。

向尔无石犀，安得有邑居。

石　犀

关于如何利用文物传承中华文化的再探研

云南师范大学历史与行政学院　梁英旭

摘　要：中华民族有着深厚的历史文化底蕴，文物就是这底蕴的杰出代表之一，也是我们文化自信的底气。文物，作为传承中华优秀传统文化的重要载体，如何保护好、管理好、运用好祖先留给我们的这一宝贵财富，使其最大限度地发挥文化价值，是当下文博工作中一个亟待思考的问题。借助文物推动优秀传统文化的传承，既要利用现代科技，又要借助社会力量；同时，还要完善志愿服务，开拓国际视野，加强基层建设，开发文创产品等，努力“让文物活起来”，为文物与公众对话创造空间，从而促进中华文化的传承。

关键词：文物　传统文化　教育　传承　发展

文物承载着灿烂的文明，蕴涵着悠久的历史，彰显着民族的精神……在文物视野下谈及中华文化具体而亲切，我们不妨借助文物去认识传统文化，去思考她的传承与发展。改革开放以来，经过40年的发展，我国文博事业取得了重大的进步，无论是建筑面积还是服务面积都有了质的飞跃，但同时也暴露出许多问题。笔者就在博物馆进行志愿服务时的见闻出发，结合对一线工作人员的访谈撰写此文，力求探索一条保管好、研究好、利用好文物的道路，从而反馈实践，为我国当下文博事业的发展尽绵薄之力。

一、文物对于认识和传承中华优秀传统文化的重要作用

文物是有生命力的，是可以讲话的，她们以其独特的方式，将这个古老民族数千年的文明娓娓道来。

千年已降，岁月蹉跎。历史行至今日，留下无数的宝藏，但其中有太多太多已消磨于时光的长河中，等待我们去解读、去唤醒。“文物俄迁谢，英灵有盛衰”“六朝文物草连空，天淡云闲今古同”……物质规律不以人的意志为转移！我们当然明白这种情况难以避免，但总还是想螳臂当车，尽一点微薄之力。中华文化源远流长，从未间断。正所谓“精神产品离不开物质载体”，文物作为传统文化的重要载体，也是纵横千年、一脉相承的。我们在今天的时代条件之下，去解读这些文物，其实就是在阅读一部完备的“中国通史”。每一个朝代都有其最典型的器物：我们看商周青铜器，才知藏礼于器，才知周王对毛公的重托，才知利簋里藏的武王伐商的故事，才知曾侯乙编钟里蕴含的华夏之音……我们看唐代金银器，才懂得什么是盛世风采、堂皇富丽……我们看宋代五窑，才明白什么叫“雨过天青云破处，这般颜色做将来”，什么叫“入窑一色，出窑万彩”……我们看元明青花，才知晓江南烟雨，渲染江山如画……我们看中国文物，方知何为中国人！

今天，是比历史上任何时候都更接近中华文化复兴的时代，同时，也是近世以来我们最注重本民族文化的一个时代。中华民族有着令世界诸国难以望其项背的文化底蕴，但这并不代表我们有着足以引傲世界的文化实力。如何将底蕴转化为实力从而增强民族文化自信，是当下每一个文化工作者最为重要且迫切的任务。我们不止一次地重复本民族文化之浓厚、历史之悠久，何以见得？此时，文物史料便成了最合适的证据之一。有人说“文物会说话”，或许就是这道理。文物会说话，文物不会说谎。

二、利用文物资源传承中华优秀传统文化的现状

近日，中共中央办公厅印发的《关于加强文物保护利用的若干意见》明确指出："文物保护利用不平衡不充分的矛盾依然存在……文物合理利用不足、传播传承不够，让文物活起来需创新；依托文物资源讲好中国故事办法不多，中国文化国际传播能力亟待增强……"近年来，伴随着社会的持续发展和经济的长足进步，我国博物馆事业得到了快速发展，公众对博物馆的认知也不断深入，但仍有很多的问题亟待解决。

改革开放以来，由于第二次文物普查的开展和其他社会因素的综合影响，许多县、市陆续成立了自己的博物馆。但转眼 40 多年过去了，这些博物馆的发展状况却不容乐观。一方面，他们缺乏资金。由于我国的博物馆大都属于公益性质，因此大都免费向公众开放，他们的资金周转便仅仅依靠有限的上级财政拨款。这样一来，囊中羞涩的"经济基础"便不足以支撑那颗期待"广阔天地，大有作为"的心。用当下比较时髦的话来讲，就是"贫穷限制了我们的想象力，贫穷限制了我们的脚步"。另一方面，博物馆缺乏本领域的专业人才。由于我国的"文物与博物馆学"专业开设较晚，且招生人数较少，至今仍属于一个冷门专业，造成了我国相当一大部分县市级博物馆招不到该领域的专业人才。就笔者调研过的博物馆来看，他们的从业人员往往出自历史系和中文系。我们应该肯定，这些馆员在开展讲解等日常工作时，其知识应当是足够的。但一旦问题更加具体化、专业化，便不免有些捉襟见肘，不得不求助于外界的帮助，而这种求助无疑会耗费大量的资金。这样一来，问题又回到了我们上面提到的窘境。甚至更有一批博物馆处于瘫痪状态，他们或是大门敞开，工作人员一旁静坐，完全不理会游客的存在；或是整个馆逛完，仅仅是看见一位看门的保安，不见馆员，也不见讲解者；更有甚者，大门紧锁，秘不示人，庭院深深，少有人烟。这类问题的出现，我们就不能简单地归结为"专业人才的缺乏"或"资金的短缺"。依笔者看来，这是一种馆员不负责且缺乏职业道德的表现。第三个方面

就是县市级博物馆的文物比较缺乏，甚至有的地方十分缺乏。这种缺乏主要体现在两个方面，一是文物的数量少，二是文物的种类过于单一。如此一来，维持博物馆的正常运转似乎已成问题，又怎会思考“如何在文物的视野下推动中华文化的传承”呢?

三、如何在文物视野下推动中华优秀传统文化的传承

2014 年 3 月，习近平主席在巴黎联合国教科文组织总部发表的演讲中提出:“让收藏在博物馆里的文物、陈列在广阔大地上的遗产、书写在古籍里的文字都活起来，让中华文明同世界各国人民创造的丰富多彩的文明一道，为人类提供正确的精神指引和强大的精神动力。”如何让沉睡已久的文物、遗产、文字都活过来，如何在文物的视野下推动中华优秀传统文化的传承，也是我一直思考的问题。笔者从在博物馆进行志愿服务时的见闻出发，结合相关理论知识，提出以下建议，希望可以反馈实践，为我国当下文博事业的发展尽绵薄之力。

（一）利用现代科技，拉近对话距离

在文物的视野下推动中华优秀传统文化的传播，首先要做的，就是“让文物活起来”。这就需要我们把文物和文物研究从故纸堆里解救出来，通过现代化的手段努力将文物与公众建立联系。一方面通过创新展览形式鼓励大众走进博物馆，与千百年的文物零距离对话；另一方面大力发展虚拟博物馆，使文物无时无处不在，缩减文物与大众的距离感。此外，我们还要通过报纸期刊、新媒体技术等，积极为公众参与文博研究创造条件；线上线下积极听取公众对文物的疑问、对文物的理解、对文物的解读……还有一点需要特别指出，就是借助电视综艺节目、纪录片、微电影等让大众发现文物之美。《国家宝藏》的成功举办就足以说明这一问题。总之，我们要努力为文物走向大众创造条件，拉近彼此距离。因为只有时刻与人发生关系，才是文物真正“活起来”的见证。

（二）加强馆校合作，发挥教育职能

教育在这一过程中应发挥根本性的作用。现阶段，为了适应文化发展的要求，除了在大学开设“文物与博物馆学”“考古学”“文化产业管理”等专业之外，更应在小学低年级开设相关通识性课程，让孩子从小就理解文物中蕴含的历史与文化。开设课程的目的在于增强孩子们对传统文化和文博知识的基础性认识，因此授课方式可以灵活多样。通过丰富多彩的图画和精妙绝伦的文物故事，在孩子们幼小的脑海里留下曙光般的记忆，未尝不是一件一举多得的好事。此外，博物馆方面还可以为学校提供教材教具并组织学生定期参观博物馆，这样，一颗幼小的文化种子就在他们单纯的心中静待花开了。在这方面，台北故宫早已是先行者了。近些年来，内地博物馆也越来越重视这方面的工作。例如，近日天津博物馆与天津市教委联合主办的“天津历史、地理教学中若干问题的解读”大型教研活动启动，其目的在于借助博物馆文物、展览进行灵活多样的教学。将博物馆资源与教学内容有效融合，既有助于打破原有教学模式，促进课程改革，又在提升学生实践能力和人文素养方面具有重大意义。除了在教育内容中加强文博教育和定期组织同学们参观博物馆之外，还要尽可能地让同学们融入博物馆工作，如担任志愿者、讲解员等，使他们感受文物的美妙，激发历史学习兴趣，接受优秀传统文化的熏陶。这样将大大地提高同学们的综合素养，无论是在将要面临的高考还是在未来的工作学习中都将大有裨益。虽然我们所做的工作不是为了将每一个孩子都培养成未来的文博工作者，但至少要让他们对我们民族的文化有一定的了解，有一颗热爱的心。登高自卑，行远自迩，这是一个很要紧的关键所在！

（三）完善志愿服务，形成沟通桥梁

志愿者在博物馆与游客的沟通之间具有非常重要的桥梁作用。对于大部分游客而言，文物与博物馆是神秘且富有吸引力的。如何让观众听懂文物的语言，读懂文物所承载的历史，是博物馆提供社会服务时不可回避的一个问题。在当下，各级博物馆大都运用现代技术，打造“互联网＋文物讲解”功能，游客只需轻轻扫一下文物展牌上的二维码便可轻松听取讲解，从而告别了冗长的讲解队伍和高昂的讲解费用，可谓一举多得。可这是否意味着“互联网＋文物讲解”的出现可以代替讲解员在博物馆与观众沟通之间的作用？答案当然是否定的。事实上，就笔者在博物馆见习期间的见闻而言，观众们往往更倾向于人工讲解，即便他们可以熟练地操作智能讲解软件。原因很简单，游客们在听讲解员讲述的同时，也喜欢将自己的见解反馈给讲解员，从而达到一种知识交流与讨论的效果。换言之，人们来到博物馆，不单单要观赏文物、收获知识，更需要一种“人文关怀”。从这个层面上讲，志愿者服务在文物知识普及的过程中具有不可替代的作用。志愿者是博物馆的窗口。观众们一进博物馆首先看到的是志愿者，陪伴他们游览的往往也是志愿者，送他们走出博物馆的还是志愿者。可以说，一座博物馆给观众留下什么样的印象，除了华丽的建筑和馆藏精品文物，其他的就是志愿者的服务在起作用。基于此，加强志愿者队伍建设，对于博物馆形象的树立和文物知识的传播具有十分重要的意义。博物馆志愿者们就好比一座桥，连接着博物馆与游客，沟通着文物与观众。

（四）开拓国际视野，打造文化名片

文化的传承，我们还需要有开阔的国际视野。一方面，我们要面向世界，博采众长；另一方面，我们要积极推动中华文化走向世界，增强中华文化的国际影响力。在这个过程中，文物无疑充当了一个合适的媒介。我们通过与国外博物馆合作举办文物巡展或联合展览，既可以让国人了解世界文明，又可以向世界展示中华文化的风采，从而促进中华文化的传播与继承。自古以来，中国文物艺术品就受到了海外诸国的青睐，文物的跨国展出对促进外国了解中国历史文化与传统价值观念具有不可替代的作用。此外，我们还要开拓文创产品的国际市场，将蕴含丰富中华文化元素的文化创意产品送到海外朋友的面前，使其同精美的中国文物一道，传播中国文化，传递中国精神，让更多的人有机会接触到

中国文物，感受中华文化的独特魅力与别致韵味。从某种角度来看，这是一种得天独厚的外交手段，于内于外都发挥着积极作用。简单说，就是让文物成为中国的一张亮丽的名片，通过文物向世界讲述中国的历史文化，讲述中国的人文情怀，讲述中国的多彩故事！

（五）加强基层建设，讲好家乡故事

正所谓“一枝一叶总关情”，在思考如何利用文物促进优秀传统文化传承的时候，一定不能忽视基层博物馆的重要作用。县市博物馆虽然在规模与能力上都无法与省博、国博相媲美，但它们依然具有自己的优势。第一，地方博物馆最具地方特色，最能反映一方风土人情；第二，对于广大民众而言，地方博物馆与他们最为接近，门槛也最低，意味着大量的潜在参观人员。只要我们运作得当，就有很大的把握将他们开发出来。

在这里笔者以志愿服务过的聊城中国运河文化博物馆为例，做一个简要的说明。聊城是一个历史悠久的城市，元京杭大运河穿此城而过，从此这座城的命运便与这条河休戚相关。这条河在带给这座城无尽的记忆的同时，也成了这座城的一张靓丽的名片。聊城中国运河文化博物馆便抓住了这一机遇，打出了运河文化这张金字招牌，以运河为中心，以点带面，生动地展示了“江北水城、运河古都”——聊城的历史。这样，将历史文化与城市特色相结合，充分挖掘自身优势，既弥补了文物有限、种类单一的不足，又使展览生动有趣，提高了观众观展体验，可谓一举两得。这就启示我们，县市博物馆在寻找出路的时候可以把目光转向自身历史文化特色，与其把有限的文物在通史展中进行分散，不如集中财力物力办一个有特色有亮点的“专题性的通史展”。

如果可以救活当下“死气沉沉”的一众基层博物馆，将这块宝地开发出来，那么，对拉近公众与博物馆的距离、消磨二者之间的陌生感、培养人们的乡土情结与家国情怀，都将大有裨益。总之，对于铭记家乡历史，弘扬地方文化，基层博物馆有着不可替代的价值和不可推卸的责任！

（六）文创更加多元，文物回归生活

近年来，各大博物馆都注意到了“文化创意产品开发”这块宝地，文化创意产品的发展已经初具规模。如今，游客们在逛博物馆时，不但可以欣赏到典雅的文物，还可以购买到精美的文创产品，“看展览、买文创”似乎已成为大多数人参观博物馆时固定的行为模式。文创产品的开发与销售，不但意味着可观的经济效益，也兼具传播文物知识、弘扬优秀文化的功能。

也许有人嫌弃文物的单调，反感历史的枯燥，但不会有人拒绝精美而实用的文创产品。而当他接受文创产品时，也意味着他接受了文创产品所承载的文化信息。一两次简单的游览或许并不会在游客的脑海中留下多么深刻的影响，但长期对一件文创产品的使用却会使其至少对这一文物不再陌生。因而，一件《千里江山图》的帆布包、一个牛虎铜案的胸针、一把杏坛讲学的铜尺、一件妇好鸮尊的玩偶……都承载着历史，传播着知识。但当下，还有相当大的一批博物馆，由于资金、技术、人才等一系列原因，未能积极参与进来。就像昭陵博物馆馆长张志攀先生在“丝路沿线博物馆协调创新发展”座谈会上说的那样：“我们虽然馆小但好东西不少，只是缺少专业的人才来做文创，用陕西话说这叫‘有馍没牙’。”的确如此，张馆长所在的昭陵博物馆，依唐太宗昭陵而建。作为世界上面积最大的陵园，十几年间昭陵出土了大量珍贵的文物，极大地丰富了昭陵博物馆的馆藏。但张志攀却坦言，由于地处礼泉县，博物馆的发展受到太多方面的制约，虽然现在文创很热，但像昭陵博物馆这样的小馆，还是没有能力去触碰这一领域。的确，如何让更多的基层“小馆”登上文创产品开发这艘快船？我想现阶段可操作性最强的无非是“馆企（校）合作”与博物馆之间的“以强带弱”两种模式。借助文创企业、地方高校或当地实力更雄厚的博物馆的力量，形成某种合作关系，优势互补，或许是当下最好的选择。

四、余论

文物，是一个民族古老而清晰的记忆。或许对它们学习和研究并无世俗的“现实功用”，但作为一个学习历史的青年，我清楚地明白，无用之用往往是众用之基！在这一点上，阎步克先生曾作过精彩的论述：“割断了数千年的深厚文明，只有‘当代’而无‘历史’，我们所生活的世界就只是个单薄贫乏的平面。但人类不是这样的，人类的生活有一个千万年的纵深。”正如古罗马学者西塞罗说的那样：“不知道出生之前历史的人，永远是个孩子。”只有真正了解本民族历史，我们的同胞才会在根本上长大，才能有自己的辨别能力，不受人惑。文物保护，功在当代，利泽千秋。

我相信文物会说话，讲述文物故事，就是讲述华夏历史，讲述中国最强音！最后，我想用习近平总书记的一段讲话作为本文的结束：“传承中华文化，绝不是简单复古，也不是盲目排外，而是古为今用、洋为中用，辩证取舍、推陈出新，摒弃消极因素，继承积极思想，‘以古人之规矩，开自己之生面’，实现中华文化的创造性转化和创新性发展。”

参考文献

[1] 刘丽莎:《浅议基层博物馆讲解员的综合素质》,《卷宗》，2014 年第 12 期，第 586 页。

[2] 石仲泉:《天之降大任于中华优秀传统文化——学习习近平关于传承和弘扬优秀传统文化的论述》,《天津日报》，2015 年 1 月 5 日 09 版。

在博物馆的时光

吕　峰

博物馆是一座城市从蛮荒走向文明、从落后走向繁荣的历史见证，也是最形象、最立体的历史。每到一地，我总喜欢走一走当地的博物馆，那是近距离了解一座城市、一个地方的绝佳窗口。北京作为历史璀璨、风情别具的所在，散布着一座又一座的博物馆，它们见证了古都的历史与荣光。

在北京求学、上班的日子里，我几乎走遍了它所有的博物馆。每一次去，我都像前去赴约的女子，心里揣着一个巨大的不为人知的快乐。它们让我感受到了这座城的岁月感。这种岁月感来自它悠久的历史传承，来自它深厚的文化积淀，那是时光的沧桑。每一次跨过博物馆的门槛，如同跨过岁月的鸿沟，内心便涌动着一堆与之相符的词汇：悠久、古意、朴化、厚重、典雅、永恒，每个词都携带着沧桑的味道。

历史在我的感受里一向是厚重的帷幕，可是在博物馆里，它竟宛若将我和那些久远之物隔开的玻璃一样轻薄、透明。博物馆堆积了太多的时光，走进不同的展馆就是走进不同的时代，不同时代的历史缭乱和湿润着我们的眼睛。那些斑驳的陶器、生锈的青铜、精美的玉器、动人的雕塑等，安静淡然地躺在清冷的玻璃橱窗中，任人观赏。看着它们，一种精神上的愉悦在我的身体里弥漫开来。

面对那些古物，我好像穿越了千年的沧海桑田，走进了平和澹远的历史时空，心绪在历史的长廊里肆意地飞翔，从远古至夏商，从秦汉至隋唐，从宋元至明清。面对它们，我会轻易地联想到生命的景象，感受到先民对生活的挚爱。当初是活生生的人塑造了这些生活品、艺术品，岁月走远了，活生生的人老去了，这些无知无觉的物件却延续了他们的生命，且越来越为人们看重。

每当有朋友来北京，故宫博物院、中国国家博物馆等是必去的地方。每一次，我和朋友们就像阿里巴巴进了宝库一般，兴奋、震撼。漫漫时光风化了书卷，却风化不了这些金的、铜的、玉的、瓷的物件，上面似乎沉浮着古人的精灵。从一个展柜到下一个展柜，彼此静默不语，似乎能听得到彼此的呼吸。所有来此的人都怀揣着静穆之心，脚步总是缓缓地、轻轻地，生怕惊动那些久远的灵魂。

北京的历史是悠久的，是厚重的，也是让人惊叹的。远在远古时期，人类就在这里生息繁衍。此后，无数风流人物在这方风云变幻的舞台上，轮番上演了一幕幕壮阔的历史剧，兴盛辉煌与衰落孤寂的沧桑巨变都刻进了它的历史进程中。翻看北京的历史册页，无论是哪一张，都铭记着让人沉醉的故事，让后来者情不自禁地怀着一份虔诚和渴望来探寻这片土地上曾经演绎的历史，摭拾曾经的苦难与艰辛、奉献与牺牲、收获与教训。

感受最深的是周口店北京人遗址博物馆，里面弥漫氤氲着浓重的民族气息、历史气息。徜徉其中，仿佛走进天荒地老的岁月，走进历史的拐弯处，左顾右盼却很难分辨历史的尽头，心里顿时生出一种神秘感。走着走着，仿佛感受到古人的呼吸，听到远古的狩猎声、兵戈撞击的金属声、斗酒成诗的欢笑声。在翻滚飞扬的黄土中，有无数的脸夹杂其中，虽然神情模糊、步履缓慢，却一直沿着自己的方向行走，像极了这座风情独具的城市。

日月更迭，斗转星移，北京的代谢兴衰、因革故事，史不胜书。每一座博物馆都堆积了太多、太多漫长的时光，让人感受历史的刀光剑影、滚滚征尘。一件藏品的时光就够长的了，千万件藏品就使人如同泡在巨大的时间之河里，无法脱身。那沉淀的史实在今天已经衍生新意，催人深省。想到自己的生命不及残破的秦砖汉瓦的一个零头，一生终其百年，只不过是青铜器表面上的一层薄薄的锈色，真是悲情弥漫。

每从一座博物馆出来，便似合上了岁月的卷帙。可是没走多远，我却发现并没有走出历史的尘封，因为它的背影太长、故事太多、情感太深。离开博物馆的时候，我还在沉思，这些器物都是有生命的，否则不会穿越千年的尘世与我相遇；我也知道它们的生命仍将不断地延续下去，漫不经心地向来去匆匆的人们唠唠叨叨地讲述那段消逝的历史，那些远去的岁月。

博物馆是辉煌的文化殿堂，更是我的乐园。它越来越多地占领我的生存空间，在我的内心穿越停留，让我在目光触及、手指抚摸时，感怀曾经的辉煌和不可挽留的流逝。它使得我每一个俗常的日子变得格外感性和具体，让我一如天空上方的云朵一样轻便自如、任意东西，轻易就获得了浮生半日闲的轻松与自在，获得了无上甜美的幸福与快乐。

在博物馆的时光，是快乐的，是安宁的。它能使我呼吸到文化的沁人气息，它的存在犹如那挂在高高檐角的一抹斜阳，温暖了我的情感，滋养了我的心灵。它们让我觉得我们的精神最好不要离开博物馆那些钟磬之声、文物之风的煦养，那是精神上温暖的摇篮，满载着憧憬，满载着希望，满载着幸福。

永恒的刹那

陈馨梦

我出生在淮河边上的一座不起眼的小城里。

这座小城实在是小极了，小到居住其中的人们根本找寻不到什么娱乐方式，睡觉之余就吃吃喝喝，工作之余就三五成群地说说东家长、道道西家短。生长在其中的我，对于自己上学以外的记忆实在是模糊得可怜。

但我一直一直地记得我幼时无意间路过的一家博物馆。

那其实是一家极简单的甚至可以说有点简陋的私人收藏馆：一座简简单单的四方小庭院，并无丝毫北京四合院的大方质朴之感；两三间摆放展品的展厅，也仅是普普通通的民居样式；而展品也不过是些古旧而没有美感的工农器具，摆放凌乱得犹如被人随意放置一般。唯有门口悬挂的木制牌匾上的“收藏馆”三个大字苍劲有力，颇具古韵，将这座隐藏在小巷民居里的博物馆与周遭区分开来。

进院以后，首先映入眼帘的便是一个被温柔地安放在一堆稻草之上的巨大的石槽。石槽内空无一物，虽然破旧不堪且毫无造型之美，倒也被洗涤得干净，因而尽管久经风霜却也无丝毫肮脏之感。正屋门前是一对石狮，高大威猛，在阳光的照耀下熠熠生辉，仿佛有它们守卫，家中便再不愁宵小。

屋内是一片空旷，没有冰箱彩电，没有电脑wifi，全不似居家之所。但厨房里袅袅升起的炊烟、叮叮当当切菜的妇人、摊在木椅上坐着的老者膝上的报纸和茶几上冒着热气的茶杯，却又明白无误地告诉我：这大约只是一户不一样的人家。

见到有人进来，老人立即站了起来，精神矍烁，双眼炯炯有神，全无一般老人的颓废衰老之感。厨房内的妇人也忙停止切菜，欢迎我的到来。我那样小的孩子，自然是付不起参观费用的，但这对夫妇竟毫不在意，仍亲切地笑着问我从哪里来，是怎么想起来走进去的。我已不大记得当时胡诌了什么，但清楚地记得他们开怀的笑脸和热情的招待。老先生耐心地带着我参观了整所收藏馆。

走上陈列展品的二楼，首先看到的便是收藏馆的主要馆室——民俗馆。这里有马鞍、木制独轮车、四轮车、两轮大马车等只在电视中看到过的交通用具；有犁、耩、耙、锄、叉、耙、箩等闻所未闻的耕种收打农具；有灌溉用的水车、水桶，饮水用的各种茶壶焐子和各式各样的暖水瓶壳，菜油灯、煤油灯、汽灯等各式奇奇怪怪的灯具……一件件早已远离我们生活的器具就这样一一呈现在我的面前，我仿佛进入了一个再奇妙不过的天地。如若不是亲眼看到，我完全想象不出古人的农耕生活会如此艰辛：扁担的中部被磨得发亮，各式各样的耕种用具的握手处也显得很圆润，茶焐子和暖水瓶的把手上缠着简陋厚重的白布，菜油灯、煤油灯等灯具虽然擦拭得干净但仍可以看出它们饱经的岁月……这些凝聚着古人劳动智慧却为小城里很多人不以为意地轻视的各式各样的民间玩意儿，是老先生和妻子两人耗尽半生心血东奔西走于淮河两岸慢慢收集到的。

我懵懵懂懂地看着，耳边响起老先生慨叹的话来：“丫头，你该多看看这些不起眼的小玩意，多记记它们的名字和曾经的用处……”他未完的话，我曾经不懂，现在或许也只是自以为明白。淮河文化和两岸的民俗民风在小城人们的记忆中日渐消亡，我们总该有一些人能够回想起来这一件件凝聚着中华民族智慧的器具，总该有一个瞬间了解到先辈们的生活，感受到古人与天地同乐的智慧。

我在未走出那座小城时，只去过一座博物馆，只看过那些不为人们在意的小玩意儿。但是我始终深觉，博物馆里的每一件器具都是时代的缩影，是历史的见证。它们永远在那儿，默默诉说着民族文化的博大精深、源远流长；无言演绎着漫长历史的沧桑巨变、岁月坦诚。站在那一件件见证了百年甚至是千年历史的器物中间，我只觉时间都仿佛静止了。诚然，时间在永恒地流逝，但这些器物却永远静止于此，凝视着人类的过往，见证着世事的变迁……它们也许渺小简陋，却是中华文明的悠悠源头、绵绵根脉；守望着中华儿女精神家园的世代传承、人文自豪；促进着世界文明的文化对话、智慧养育。中国是农业大国，没有农业，就没有整个民族生存发展的可能。这一件件陈旧的农具，当初都曾经是人类生产生活须臾不可缺少的依赖。如今，随着城市化进程步伐的加快，许多传统农具逐渐退出了人们的视野，但它们在农业生产中发挥过的巨大作用，是我们不应该忘记的。这些农耕工具的发明和创造，曾经极大地提高了生产效率，也极大地推动了社会的发展；而今它们的存在，显示出华夏历史的源远流长，把整个中华民族牢牢地凝聚在一起。岁月如水，一去不回，但它在有意无意间沉淀下来的东西却依然能让我们透过这些流年碎影重新聆听到时代前进的脚步声，见证到历史鲜活的嬗变。

我仿佛又再次流连于那座小小的收藏馆，穿行在时光隧道里，抚摸着一件件简单却有温度、有生命的藏品。沧海桑田，世事变迁。或许先辈们也不曾想到，当年寻常百姓使用的物品现在竟然成了少有的见证历史的幸存者，成了华夏文化记忆的储存器。

回家时再去游览，那座曾经不起眼的小收藏馆已发展为包含民俗、书画、陶瓷、工艺等 12 个分馆的综合性博物馆了，其中的 3000 多件藏品上都洒过夫妻俩的汗水。再次倾听老先生的介绍，除了更加深入地了解了生我养我的淮河文明，我不由更加敬佩起这两位民族文化的保护者与传承者。他们耗费了几十年的青春时光来收藏这些早被时代抛弃的旧器具。他们没有留住自己的青春岁月，却留住了一段段厚重的华夏历史，收藏起一份炎黄子孙难舍的情怀。这一件件藏品，让子孙后代知道先辈的生存与劳作，知道一辈又一辈是怎样从刀耕火种中走来，又怎样向现代文明走去的。

我的博物馆门票

刘光伟

改革开放40年，北京地区的博物馆行业取得了辉煌成就。参观博物馆已经成为我文化生活中的精彩部分，参观之余我也喜欢收藏博物馆门票。

收藏门票是一项有益的文化活动，既可以提高人们的文化素质，又可以从花花绿绿的门票中看到它的历史价值、科学价值和文化价值。一张小小的门票，既有艺术价值，又包含信息。我们既可以从门票的画面上看到天地造化的自然神秀，又可以看到巧夺天工的精湛技艺。门票的图案，有的简单，有的繁丽，有的略显粗糙，有的制作精美，有的亦古亦俗，有的亦详亦雅。一枚小小的门票，可以记载昨天，更可以昭示未来。

下列是我积攒的部分北京博物馆门票，愿与大家分享。

一、门票上的红色足迹

每一张门票的背后，都隐藏着一段历史，都有很多的故事。这些门票从不同侧面、不同角度记载了中国共产党风风雨雨90年来从小到大、从弱到强的光辉历程。

北京新文化运动纪念馆

北京新文化运动纪念馆是一座具有光荣革命传统的近代建筑，原为北京大学第一院，全楼以红砖红瓦建成，故称红楼。这里是新文化运动、五四运动的发源地，中国共产党早期的一些重要活动也曾在这里举行。目前，它是全国唯一一家全面展示五四新文化运动历史的综合性博物馆。

图 1　北京新文化运动纪念馆门票

中国人民抗日战争纪念馆

中国人民抗日战争纪念馆是全国唯一一座全面反映中国人民抗日战争历史的大型综合性专题纪念馆。

图 2　中国人民抗日战争纪念馆门票

二、门票上的综合性博物馆

故宫博物院

故宫博物院位于北京故宫紫禁城内，是在明朝、清朝两代皇宫及其收藏的基础上建立起来的综合性博物馆，也是中国最大的古代文化艺术博物馆。

图3　故宫博物院门票

中国国家博物馆

中国国家博物馆是世界上单体建筑面积最大的博物馆，是中华文物收藏量最丰富的博物馆之一。其整体规模在世界博物馆中位居前列，是全世界最受游客欢迎的博物馆之一。

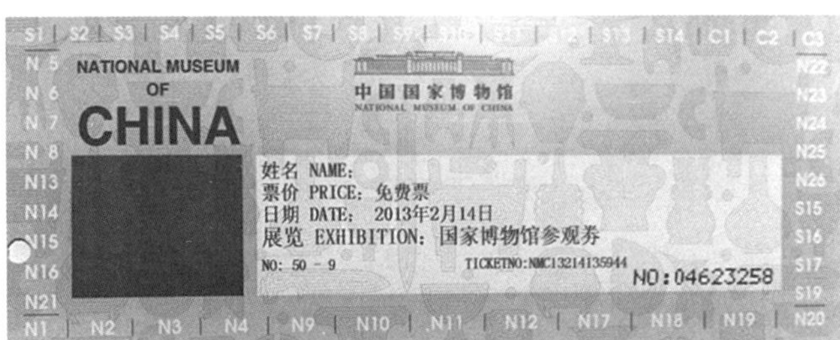

图4　中国国家博物馆门票

中国人民革命军事博物馆

中国人民革命军事博物馆是中国唯一的大型综合性军事历史博物馆，

图5　中国人民革命军事博物馆门票

正门上方的“中国人民革命军事博物馆”匾额由毛泽东主席亲笔书写。

中国美术馆

中国美术馆是建国十周年北京十大建筑之一，具有鲜明的民族风格，是一座以收藏、研究、展示中国近现代艺术家作品为重点的国家艺术博物馆。1963 年 6 月，毛泽东主席题写“中国美术馆”馆额，明确了中国美术馆的国家级地位及其办馆性质。

图 6　中国美术馆门票

三、门票上的首都及区县博物馆

区县博物馆也是北京市博物馆的一个重要组成部分，北京已建成多家区县博物馆。

首都博物馆

首都博物馆是北京地区大型综合性博物馆。

注：注意两张门票的序号，从几千号到几十万号。

图 7　首都博物馆门票

海淀博物馆

海淀博物馆于2003年5月正式成立，是一座集文物征集、收藏、研究、展示于一身的地方性综合博物馆，展览以展示海淀区历史为主。

图8　海淀博物馆门票

房山世界地质公园博物馆

房山世界地质公园博物馆是中国房山世界地质公园的标志性建筑，是目前中国首座世界级的地质博物馆。

图9　房山世界地质公园博物馆门票

四、门票上的文物古迹

北京的文物古迹资源极其丰富。文物古迹是人类历史上宝贵的文化遗产，是重要的旅游资源，具有重要的历史价值、艺术价值和科学价值。

北京钟楼、鼓楼

北京钟楼、鼓楼是坐落在北京市南北中轴线北端的一组古代建筑，是元、明、清代都城的报时中心。

图 10　北京钟楼、鼓楼门票

历代帝王庙

历代帝王庙是明清两代皇帝祭祀先祖的地方，其政治地位与太庙和孔庙相齐，三者被合称为明清北京三大皇家庙宇。

图 11　历代帝王庙门票

白塔寺

白塔寺是一座藏传佛教格鲁派寺院，始建于元朝，初名为“大圣寿万安寺”。寺内建于元朝的白塔，是中国现存年代最早、规模最大的喇嘛塔。

图 12　白塔寺门票

五、门票上的遗址博物馆

遗址博物馆是指为了保护已发掘遗址或展示发掘成果而在遗址上修建的博物馆。

周口店遗址博物馆

周口店遗址博物馆是世界著名的古人类和古脊椎动物考古遗址，是“北京人”的发祥地。

图 13　周口店遗址博物馆门票

北京辽金城垣博物馆

北京辽金城垣博物馆是一座建在金中都水关遗址上的专题遗址博物馆。

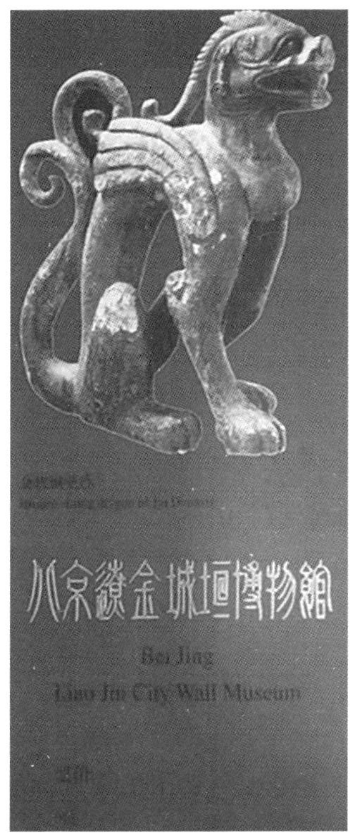

图 14　北京辽金城垣博物馆门票

六、门票上的名人故居

名人故居是北京历史文化名城的重要组成部分。

李大钊故居

李大钊故居是李大钊在故乡之外与家人生活时间最长的一处居所。

图 15　李大钊故居门票

郭沫若纪念馆

郭沫若在这里渡过了他一生中的最后 15 年。

图 16　郭沫若纪念馆门票

鲁迅博物馆

鲁迅博物馆是为了纪念和学习中华民族的思想文化巨人——鲁迅先生而建立的社会科学类人物博物馆。

图 17　鲁迅博物馆门票

七、门票上的自然科学博物馆

自然科学博物馆是以自然界和人类认识、保护和改造自然为内容的博物馆。

北京古观象台

（明清两代的皇家天文台，用于天文观测近 500 年）

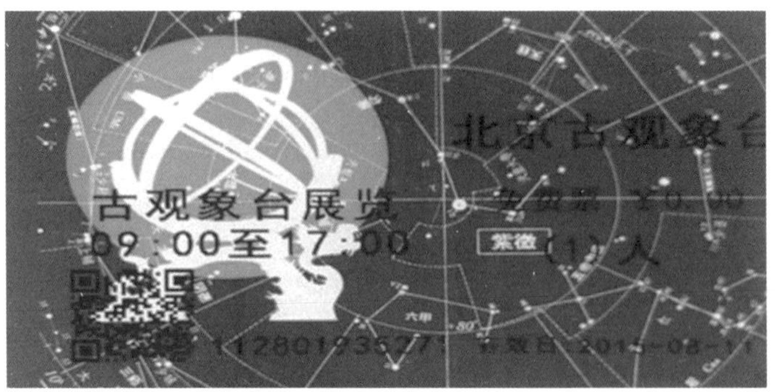

图 18　北京古观象台门票

中国古动物博物馆

（系统介绍脊椎动物起源和发育的博物馆）

图 19　中国古动物博物馆门票

北京自然博物馆

（此票当时是收费的，现在已经免费预约参观）

图 20　北京自然博物馆门票

八、门票上的文化艺术博物馆

北京文博交流馆

（馆内的智化寺是一座明代古刹）

图 21　北京文博交流馆门票

中国现代文学馆

（中国第一座、也是目前世界最大的文学博物馆）

图 22　中国现代文学馆门票

大钟寺古钟博物馆

（寺内珍藏着一口明永乐年间所铸巨大佛钟）

图 23　大钟寺古钟博物馆门票

九、门票上的行业 / 专业博物馆

北京警察博物馆

（建筑本身就是文物，是花旗银行北京旧址）

图 24　北京警察博物馆门票

中国化工博物馆

（参观时，整个博物馆只有我们两人）

图 25　中国化工博物馆门票

中国铁道博物馆正阳门馆

（由原正阳门东车站旧址改建而成）

图 26　中国铁道博物馆正阳门馆门票

中国海关博物馆

（很专业的博物馆，门票印刷得非常精致）

图 27　中国海关博物馆门票

北京汽车博物馆

（我国第一个政府主导建设的汽车类博物馆）

图 28　北京汽车博物馆门票

民航博物馆

（全面展示中国民航发展和建设历史的地方）

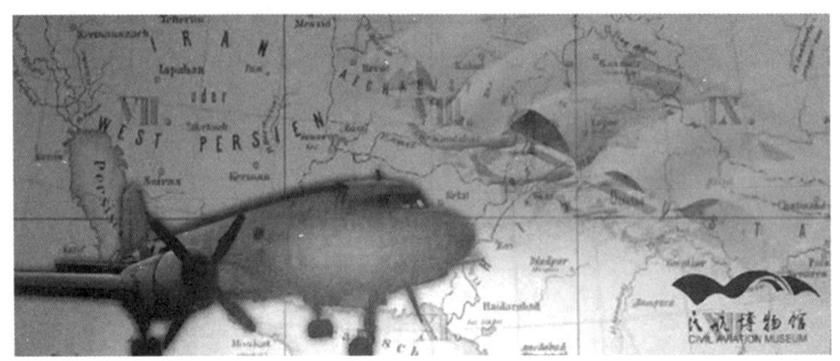

图 29　民航博物馆门票

中国电影博物馆

（目前世界上最大的电影专业博物馆）

图 30　中国电影博物馆门票

最好的时光遇见你

——记与李大钊故居相遇的一年

北京师范大学　孙其素

一

我第一次来到李大钊先生故居是在2017年的初秋，人们说这是北京最美丽的时节。天气慢慢变凉，天空因为蓝而显得越来越高，而初来乍到的小姑娘对一切都仿佛有着大大的好奇。充满历史感的字画、宣统年间的地图、堂屋里悬挂的对联，还有门庭里种植的两棵海棠树，一切都有着奇妙的吸引力。

典雅而亲切，这是李大钊故居给我的第一印象。它不像一个中规中矩无比严肃的博物馆，更像是李大钊先生生活图景的复现——不把展品和游客隔离开来，而是将其融为一体，使游客穿越时间的阻隔，拥有真实可触的遇见。

我还记得我来到故居讲解的第一组游客是两个和蔼的阿姨，我带着她们走遍故居的每一个角落，走过堂屋厢房，走过海棠树下。当我讲着李大钊先生艰苦朴素的生活作风，讲着他与夫人伉俪情深相互扶持，讲着先生“铁肩担道义，妙手著文章”的精神写照与人格追求时，我一边为自己不甚熟练的讲解感到有点不好意思，一边又有点不可名状、慷慨热乎的小激动。

我就在这样一次又一次的小激动中越来越走近李大钊先生，走近着李大钊故居。

2017 年的冬天来得有点早，还有点突然，仿佛一夜之间树叶就全掉光了，又一夜之间大风和寒潮就劈头盖脸打过来了，让人有点应接不暇。而这寒冷的天气还有压在肩膀上的作业考试，都让我觉得这第一年北京的冬天有点过分寒冷了，有点熬人，有点想家。

但当我来到李大钊故居，戴上工作证等待着我的游客时，那种奇妙而激动的感觉仿佛一下子又涌了过来。这让我觉得这个小院仿佛有着令人平静的魔力，让人在连雪花都没有的荒芜的冬天，依然有着很多很多的期待，期待未知的邂逅，期待春天里的海棠花开。这让我在这个陌生的城市感觉到很多的美好和温情。

二

故居院子里的两棵海棠树在四月中旬开了花，从冒芽到开花，差不多一个月。

我觉得花开得真不慢，从秃秃的枝干上冒出绿芽，到满树白雪一样的花朵，仿佛一切都循规蹈矩而又妙趣丛生地向前走，令人每分每秒仿佛都能看到不一样的惊喜。细细想来，这也是李大钊故居在这一年里给我的感觉，仿佛每一次的相遇都会有新的发现，一直会有意外之喜，学到新的知识，遇到新的游客，或者看到哪里的布置又有了小心思……

但其实花开得也并不快，就像我为了它的花开，等了不仅仅是这样的一个月，而是从深秋、从寒冬，就开始无数次地期盼，期盼有一天能看到这样满满的一树海棠花。而我们期待故居成长的心情也大抵如此。

改革开放 40 年，无数的博物馆像雨后春笋一样蓬蓬勃勃地发展起来，充满生机而又向阳而生，而李大钊故居也是这样新鲜的花朵，花香袭人而充满活力。自 2007 年李大钊故居正式对社会开放以来，它不断完善、成长，越来越被公众所熟知、所认可，有着越来越巧妙的装点，有着越来越多的游客，有着越来越多同样热爱着它的志愿者。我没有来得及陪伴它在这十多年里慢慢成长，但我终于遇见了最新的它，就像度过冬天，我终于在来到北京的第一个春天遇见了开满花的海棠树。

我遇到过来自五湖四海的游客，年轻的，年老的，他们有的风尘仆仆专程而来，有的为了找这个地方走了好多冤枉路。我听他们讲着自己对李大钊先生的敬仰，听着他们畅谈自己的理想信念，心里总会被巨大的感动充盈着，感觉自己心里也越来越清明和坚定。

院子里的两棵海棠树开花了，我第一次看见如此鲜妍的故居，伴着四月的暖阳，把一切都烘托得那么美好，而时光也安然正好。

三

北京又到了它最美丽的时节，天朗气清，惠风和畅。

2018 年的初秋，我讲解的第一组游客是几个小朋友和他们的妈妈，我看见小朋友仰着头，仔细地看着每一件展品，又找来找去找到《国际歌》的音乐跟着唱，眼睛里像闪着星星。那时阳光洒满整个庭院，海棠树上的果子青里透红，在风中轻轻摇曳。我觉得这一切真的十分美好。

与李大钊故居相遇的这一年，我常常为自己是一名故居的讲解员而感到非常自豪，身为一名当代青年大学生，能够以己之力去宣讲先烈精神，把先生的生平思想讲给大家听，真的是一件令人无比振奋的事情。

志愿讲解这份看起来小小的工作，真的带给了我太多东西，置身故居之中，看着故居的花草，看着故居的陈设，有时真的会生出一种划破时空的力量，它让我想要更加深刻地去了解那些历史，让我坚定了太多的理想和信念，让我觉得自己似乎在担负着一种了不起的责任，让我感觉我真的热爱这个地方，而我也愿意把它当作我生活中的一部分，跟随着它的步伐不断学习和成长。

这不只是我与博物馆之间的一种碰撞，也是我和游客之间的一次奇妙的邂逅。我因为故居遇到了形形色色的人。他们或者步履匆匆，或者踏实严谨、他们让我相信尊敬的热忱、信仰的力量，更相信李大钊先生精神的生生不息。那是一种应该并且能够永远流传下去的精神，而我，我们青年学生都应该担负起传播这种思想的责任。

就像北京又到了它最美丽的时节，而我想要把这份美丽一遍一遍地看下去、讲下去。

我想要送给李大钊先生故居最美好的祝福，我想要陪它一同成长。